高效推进知识产权强国战略丛书

知识产权保护与维权

国家知识产权局专利局专利审查协作广东中心◎组织编写
陈　栋◎编著

知识产权出版社
全国百佳图书出版单位
—北京—

图书在版编目（CIP）数据

知识产权保护与维权/陈栋编著. —北京：知识产权出版社，2022.1
ISBN 978-7-5130-7902-0

Ⅰ.①知… Ⅱ.①陈… Ⅲ.①知识产权保护—研究—中国 Ⅳ.①D923.404

中国版本图书馆 CIP 数据核字（2021）第 241693 号

内容提要

本书较为完整和系统地介绍了知识产权保护制度的起源和发展，围绕中国知识产权源头保护、中国专利行政保护和司法保护、海外知识产权维权、中国知识产权保护现状及发展，重点介绍了专利权的快速保护途径、专利权保护范围、侵权判定原则和纠纷应对原则，结合具体案例对美国“337 调查”等进行了说明，方便读者特别是创新主体进一步了解我国知识产权保护和维权的现状以及维权的思路、方法，更好、更快地保护自身权益。

责任编辑：李　潇　刘晓琳　　**责任校对**：潘凤越
封面设计：杨杨工作室·张　冀　　**责任印制**：刘译文

知识产权保护与维权

国家知识产权局专利局专利审查协作广东中心　组织编写
陈　栋　编著

出版发行：	知识产权出版社有限责任公司	**网　址**：	http://www.ipph.cn
社　址：	北京市海淀区气象路 50 号院	**邮　编**：	100081
责编电话：	010-82000860 转 8133	**责编邮箱**：	3275882@qq.com
发行电话：	010-82000860 转 8101/8102	**发行传真**：	010-82000893/82005070/82000270
印　刷：	三河市国英印务有限公司	**经　销**：	各大网上书店、新华书店及相关专业书店
开　本：	787mm×1092mm　1/16	**印　张**：	11.5
版　次：	2022 年 1 月第 1 版	**印　次**：	2022 年 1 月第 1 次印刷
字　数：	182 千字	**定　价**：	79.00 元

ISBN 978-7-5130-7902-0

《知识产权保护与维权》分册

编写组成员： 陈　栋

审 稿 人 员： 杨隆鑫

总　序

在我国进入新发展阶段的时代背景下，知识产权作为国家发展战略性资源和国际竞争力核心要素的作用更加凸显。2018 年 4 月 10 日，国家主席习近平出席博鳌亚洲论坛 2018 年年会开幕式并发表主旨演讲，强调加强知识产权保护是完善产权保护制度最重要的内容，也是提高中国经济竞争力最大的激励。2020 年 11 月 30 日，习近平总书记在十九届中央政治局第二十五次集体学习时指出，知识产权保护工作关系国家治理体系和治理能力现代化，关系高质量发展，关系人民生活幸福，关系国家对外开放大局，关系国家安全。

我国的知识产权事业经过多年发展已经取得了长足进步，特别是党的十八大以来更是加速发展，日新月异，成绩喜人，但总体而言，如习近平总书记所指出，我国正在从知识产权引进大国向知识产权创造大国转变，知识产权工作正从追求数量向提高质量转变。新时代迫切需要大作为，以早日实现上述两个转变。

中共中央、国务院在 2021 年 9 月印发的《知识产权强国建设纲要(2021—2035 年)》(以下简称《纲要》)，是以习近平同志为核心的党中央面向知识产权事业未来十五年发展作出的重大顶层设计，是新时代建设知识产权强国的宏伟蓝图，是我国知识产权事业发展的重大里程碑。建设知识产权强国是建设社会主义现代化强国的必然要求，是推进国家治理体系和治理能力现代化的内在需要，是推动高质量发展的迫切需要，是推动构建新发展格局的重要支撑。《纲要》明确了 6 个方面 18 项重点任务，其中将开发一批知识产权精品课程，开展干部知识产权学习教育作为“营造更加开放、更加积极、更有活力的知识产权人才发展环境”的重要一环。

国家知识产权局专利局专利审查协作广东中心（以下简称“审协广东中心”）是经中央编办批复，于2011年9月成立的具有独立法人资格的公益二类事业单位，隶属国家知识产权局专利局。受国家知识产权局专利局委托，审协广东中心主要履行发明专利审查和知识产权服务两大职能。成立以来，审协广东中心人员队伍不断壮大，现有员工近2 000名，审查员中研究生以上学历占比90%以上，已形成一支覆盖机械、电学、通信、医药、化学、光电、材料等各个专业技术领域的高素质人才队伍，为高质量专利审查和高水平创新服务提供了坚实的人才保障。截至2021年10月，审协广东中心秉持“保护创新，让创造更具价值”的使命和“开放、包容、务实、创新”的理念，累计完成了超过120万标准件发明专利的实质审查。2021年的年审查量占全国的六分之一左右，成为我国专利审查事业的一支依靠力量。此外，审协广东中心按照“立足广州、辐射华南、示范全国”的思路和追求积极开展知识产权服务工作，包括战略新兴产业导航预警、分类检测、重大项目咨询、助力科技攻关和“卡脖子”技术突破、知识产权培训等多方面知识产权服务，累计已完成数百个项目，取得丰硕成果和良好的社会效益。十年来，审协广东中心在知识产权服务方面已在华南地区乃至全国具有较大影响力。

作为规模和能力已经凸显的国家专利审查和知识产权综合性服务机构，审协广东中心有责任利用自身优势和资源在做好发明专利实质审查的同时服务区域经济，依托十年来结晶而成的智慧和经验开发一批知识产权精品课程，以利开展知识产权学习教育，增强全社会在新形势下做好知识产权工作的能力，为构建新发展格局做出有益贡献。

为此，审协广东中心遴选优秀的工作人员成立“高效推进知识产权强国战略”丛书专项工作组，并组成由中心领导班子成员牵头的编委会。工作组成员均具有较高的理论修养、丰富的实践经验以及贡献自身智慧和经验的热情，有的成员还是丛书中相关成功案例的直接参与者和重要贡献者。同时，各分册的内容均按照撰写加审稿的模式进行双重把关，以保障书籍内容的正确性和可靠性。该套丛书集审协广东中心智慧，按照“注重实效、重点突出、开阔思路、全球眼光”的原则，历时一年多，精心编撰而成。

在全国上下深入贯彻落实《纲要》的总体要求和重要部署的背景下，审协广东中心组织编写本套丛书可谓正当其时。丛书包括十个分册，分别从知识产权政策、高价值专利创造与培育、专利申请与布局、专利代理与服务、专利审查实践与专利权获取、专利文献检索、专利导航与预警分析、专利运营、专利技术转化和运用案例、知识产权保护与维权等方面对知识产权的创造、运用、保护、管理和服务等重要链条结合相关工作的最新进展进行了充分阐述，回答了如何培育高价值专利、如何对创新成果进行布局、如何从审查角度看专利代理、如何把握专利审查标准、如何进行专利文献检索、如何在产业上提前导航和预警、如何对成果进行运营和转换、如何护航创新主体“走出去”等重要问题。

本套丛书具有如下特点。一是坚持问题导向，丛书结合业界目前存在的不足给出有针对性的解决方案。二是坚持全面性原则，十个分册从不同方面涵盖了知识产权的创造、运用、保护、管理和服务等从创新到保护的全链条。三是坚持实用性原则，丛书紧扣实际案例，强化可参考性。四是坚持时效性原则，丛书将知识产权工作的最新进展纳入进来，以利于业界了解知识产权发展的最新动态。

本套丛书有助于全社会充分了解和认识知识产权在新时期的重要价值，有助于科技攻关、创新护航、政府管理和企业赋能，有助于进一步推进知识产权强国建设。期望本套丛书的出版能为来自政府、高等院校、研究机构、创新主体、知识产权服务机构等的管理、研究和从业人员提供有力参考，使得审协广东中心和业界共同谱写我国知识产权工作的辉煌新篇章。

在丛书编写过程中，工作组得到了国家知识产权局领导的热情鼓励，审协广东中心领导的大力支持和专项工作组同事的齐心付出是丛书得以问世的重要保障。知识产权出版社编辑同志精益求精的工作作风和严格把关的质量意识推动了丛书的高质量出版，在此一并表示衷心的感谢。

前　言

2019年初国家知识产权局专利局专利审查协作广东中心启动“高效推进知识产权强国战略”丛书编写工作，以弘扬“广审智慧”，发出“广审声音”。

本套丛书涉及知识产权创造、运用、保护、管理、服务等多个方面。知识产权保护是知识产权的核心，只有知识产权得到有效保护，才能发挥知识产权对创新的激励作用，因此，知识产权保护是实现知识产权价值的重要途径。本书的任务就是介绍知识产权保护和维权的相关理论知识和实务操作，内容不仅涵盖了知识产权保护理论的发展历程，还结合具体的知识产权保护案例对相关理论进行了阐述。

为了能较为完整和系统地向读者介绍知识产权保护和维权，本书从知识产权保护概述、中国知识产权的源头保护、中国专利行政保护和司法保护、海外知识产权维权——以应对美国“337调查”为例、中国知识产权保护现状及发展等五个方面进行展开。第一章介绍了知识产权保护制度历史和途径等。第二章介绍中国知识产权的源头保护，围绕专利和商标的获权流程进行了全面梳理，并对专利的快速确权途径包括专利优先审查、知识产权快速维权中心和知识产权保护中心进行了全面阐述。第三章针对知识产权保护中最为常见的专利侵权行为，从保护范围、判定原则、证据准备、应诉原则等方面进行了详细介绍。第四章以应对美国“337调查”为例，对我国企业在海外的知识产权维权情况进行了介绍。第五章介绍了中国知识产权保护现状及未来发展，使读者对中国知识产权的保护环境和发展现状，特别是党的十八大以来中国在加强知识产权保护方面所取得的成效有一个整体的认识和了解。因此，本书的目标读者主要是研究机构、高级知识产权管理人员和从事知识产权保护工作的企业法务人员。希望本书能够帮助读者进一步了解我国知识产权保护现状和维权思路，从而更好地保护自身权益。

目　录

第一章

知识产权保护概述

第一节 知识产权保护制度的历史

知识产权是伴随市场经济的发展而诞生的，和有形的财产权相对，知识产权属于无形财产权。作为一种民事权利，知识产权与物权类似，具有很强的“法定”色彩，其权利的成立、转让、保护等，都受到法律的强制性规定。①

虽然对“知识产权”尚无公认的概括式定义，但目前的共识是：知识产权是指人们对智力创造活动中形成的智力劳动成果和在生产经营活动中形成的标识类成果依法享有的权利。前者主要是指专利权、著作权、集成电路布图设计专有权、植物新品种权等，后者主要是商标权、商号权、原产地名称及地理标志等商业标识权。而在知识产权的法律实践中，人们对于知识产权的定义更多的是通过列举其保护的客体来理解，如 1883 年签订的《保护工业产权巴黎公约》（以下简称《巴黎公约》）、1967 年签订的《建立世界知识产权组织公约》以及 1994 年签订的《与贸易有关的知识产权协议》（TRIPS）中都采用列举的方式对知识产权的定义和范围进行了解释。从某种意义上来说，知识产权作为一个明确的法律概念，是从《巴黎公约》签订之后才产生的。

一、专利制度的起源及权利保护

专利（patent）一词来源于拉丁语，其本义是指“公开”，即通过公开换取一段时间的保护。早在 1331 年的英国，当时的英王爱德华三世授予工艺师约翰·卡姆比在“缝纫和染织技术”方面“独其专利”。这时期的

① 张平. 知识产权法［M］. 北京：北京大学出版社，2015：1.

“专利”主要是一种“技术保护”，是为了避免外国的制作坊偷学英国的先进技术。

1421 年，意大利佛罗伦萨的建筑师为运输大理石而发明的“带吊机的驳船”就曾获得类似英国早期的专利，并有了所谓的“保护期”（三年）。我国古代也出现过类似的技术保护思想的萌芽：出土于新疆境内的唐代木版画《传丝公主》中就记载了我国对外技术保护的思想萌芽。该画的发现者英国探险家斯坦因根据《大唐西域记》的记载解释道：“相传这位公主因当时中国严禁蚕种出口，遂将蚕丝种藏于帽内，暗自携出……”

直到 1474 年，威尼斯共和国颁布了世界上第一部最接近现代专利制度的法律，这部法律的出发点是将技艺当作“准技术秘密”加以保护。该法律要求获得专利的条件是：①在威尼斯共和国实施有关技术；②要把该技术交给当地的相同领域的工艺师，而这些工艺师对外则承担保密义务。所以这部法律依然不能成为现代意义的专利法。这一制度对中世纪的欧洲国家吸引技术和人才起到了积极的作用，曾被一些国家所效仿。

17 世纪初期，英国女王伊丽莎白一世曾多次向发明者授予专利权。不过该时的授予仍是采取钦赐的模式。她的继位者詹姆斯一世在位时期尝试以立法来取代君主赐予特权的传统。1624 年，英国实施了《垄断法》（*The Statute of Monopolies*），其宣告所有垄断、特许和授权一律无效，此后只对“新制造品的真正第一个发明人授予在本国独占实施或者实施制造该产品的专利证书和特权，为期十四年或以下，在授予专利证书和特权后，其他人不得使用”，这意味着知识产权作为一项私有的权利，其所有人在法律授予的合法范围内能够排他地行使权利，并不受反垄断法的调整。其中所体现的许多原则和精神，各国的专利制度均一直沿用至今，因此英国 1624 年《垄断法》被称为世界上第一部现代意义的专利法。

随着英国 1624 年《垄断法》的实施，当时全球的资本主义强国如法国、荷兰、西班牙等及其殖民地如印度等都陆续颁布了本国专利法，极大地促进了科技的创新和社会的进步。据统计，自 1624 年到 1851 年，英国给在蒸汽机在内的各项发明，总共授予了一万多项专利。因此，也有学者指出，若无英国 1624 年的《垄断法》，那么 18 世纪第一次工业革命中资本主义发展那些具有决定性的发明就未必会出现。

作为世界首个建立专利制度的国家，英国在1852年正式成立了英国专利局，负责专利申请、审查和批准；1905年建立了专利新颖性的审查制度。进入20世纪后，伴随世界经济和技术的发展，英国专利事业逐步向现代化和国际化发展。

在我国，首次真正提出建立专利制度的是太平天国时期的洪仁玕；第一部专利法规是清政府1898年颁布的《振兴工艺给奖章程》，其中规定对于不同的产品和方法，可以给予10年、30年、50年的专利保护期限；《奖励工业技术暂行条例》于1932年颁布，其中规定了奖励、审查、颁证的方式方法、审查规定等，1939年修改条例时增加了“新型”“新式样”，与现在的实用新型和外观设计类似。

中华人民共和国成立后，于1950年8月11日发布了《保障发明权与专利权暂行条例》，该条例采用了苏联的发明证书和专利证书的双轨制。随后我国又陆续发布了《有关生产的发明、技术改进及合理化建议的奖励暂行条例》《中华人民共和国发明奖励条例》，一直到1984年3月12日，《中华人民共和国专利法》（以下简称《专利法》）经第六届全国人民代表大会常务委员会第四次会议审议通过，并于1984年3月20日公布，于1985年4月1日施行，我国正式建立起了较为完善的专利制度。

《专利法》在制定之初就充分借鉴和参考了国外专利制度几百年的经验，主要以德国专利制度体系为参照，并考虑了我国作为发展中国家的社会、经济和科技发展水平。为了适应经济社会的发展和全球化的发展趋势，《专利法》分别于1992年、2000年、2008年、2020年进行了四次修改。可以说我国专利制度既符合国际公约又体现了中国特色，主要有以下几个特点。

（1）发明、实用新型、外观设计三种发明创造形式一法保护。一般国家的专利法的保护对象通常涉及发明和外观设计，由于我国还是发展中国家，科学技术发展水平较低，为了充分调动和保护人民发明创造的积极性，我国将三种发明创造形式都纳入《专利法》的保护范围中。我国的实用新型制度，给许多发明人特别是非职务发明人提供了一个较低成本的获权渠道。

（2）实质审查和注册登记审查制度并存。我国《专利法》规定，对于实用新型和外观设计专利申请，采用注册登记制，形式审查通过后即可授予专利权。对于发明专利申请，采取先公开，后依申请人请求，缴纳实质审查费用后进行实质审查的审查制度。上述制度并存的优势在于：一方面能够尽早公开申请人的技术（实用新型和外观设计获得授权后即可向社会公布，发明专利申请在申请日起18个月内向社会公开），有助于使社会公众尽早地了解专利请求保护的技术方案，有利于最新技术的迅速传播和利用；另一方面对于发明专利申请人来说，也可以让申请人有充分的时间来考虑是否提出实质审查请求。

（3）行政执法和司法保护共同处理专利纠纷。《专利法》规定，“未经专利权人许可，实施其专利，即侵犯其专利权，引起纠纷的，由当事人协商解决；不愿协商或者协商不成的，专利权人或者利害关系人可以向人民法院起诉，也可以请求管理专利工作的部门处理。”此规定明确指出了管理专利工作的部门的地位和职责，即对于专利侵权行为，可以直接向法院起诉寻求司法保护，也可以向管理专利工作的部门寻求行政保护。这也是充分从我国国情出发，相较法院的司法保护，政府部门对专利纠纷进行行政处理更加高效。这也是我国专利保护的一个突出特点。目前世界上大多数国家对于专利侵权纠纷均只有司法保护。从目前我国专利行政保护的效果来看，行政保护充分发挥了高效便捷的特点，而且行政保护的专业化水平也在持续提高。

（4）兼顾中国国情和国际发展要求。由于我国是《巴黎公约》《专利合作条约》（PCT）和TRIPS成员，因此我国专利法中对专利保护的相关规定需要符合上述相关的国际条约。我国对专利法进行的几次修改都体现了我国主动适应专利制度国际化的发展要求，比如第一次修改时重新规定了强制许可的条件，第二次修改时明确了提交PCT申请的法律依据，第三次修改时将专利权的新颖性条件修改为绝对新颖性标准，第四次修改加入了药品专利延期保护制度。同时，我国专利法也立足中国国情，一个明显的示例就是我国专利法中明确规定了遗传资源保护的条款。我国是一个发展中国家，同时也是生物资源和遗传资源非常丰富的国家，保护遗传资源事关国家利益，受到国家高度关注。然而一直以来，在专利制度和保护遗传资源制度之间并没有形成统一的国际化规则。为了避免我国遗传资源和生物资源被发达国家利用某些国际规则进行掠夺，我国在专利法第三次修改时加入了遗传资源保护的条款。

二、商标制度的起源及权利保护

商标，通俗意义上来讲，就是在商品交易中用来区别商品来源的标志。根据世界知识产权组织（WIPO）的定义：商标是用以区分不同生产厂家或者服务提供商所提供的相同或类似商品和服务的显著标志，即除了商品标志之外，商标还可以包括服务标志。一般认为，商标包括文字、图形、字母、数字、三维标志、颜色组合和声音等，以及上述要素的组合。

通常认为商标包含下述三层含义：①商标的使用者是特定的，必须是市场经营主体；②被标志物是特定的，是商品或者服务而不是一般货物；③使用标志的目的是特定的，即为了区别商品或者服务的提供者。[①]

从商标的组成要素和含义可以看出，商标具有如下特点：①依附于商品或服务存在，没有商品或服务则不存在商标。②显著性。使用商标的目的就是能够将自己的商品或服务和他人的商品或服务区分开来，因此商标必然要求具有显著性，能起到标志作用。③独占性。使用商标的目的就是区分与他人的商品或服务，便于消费者识别。所以，注册商标所有者对商标拥有专用权，未经许可，任何人不得擅自使用注册商标，否则将构成侵权，需承担法律责任。④财产属性。商标是一种无形资产，代表了所有者生产或经营的质量信誉和企业信誉，增加了商品或服务的附加值，能够给企业带来广阔的市场。[②]

世界各地出土的文物表明，在商品上使用标志的历史非常长，商标雏形最早发现于出土的公元前3500年的埃及古墓。商标最早开始体现其商业价值、起到保护作用是在13、14世纪的欧洲行会时期。当时行会要求加入者在产品上标出记号，除了区别生产者和所有者，同时也实现了对产品质量的监督，保持行会的垄断地位。随着商品经济的发展，为更好地维持经

---

① 张平. 知识产权法［M］. 北京：北京大学出版社，2015：183.

② 张平. 知识产权法［M］. 北京：北京大学出版社，2015：184－185.

济秩序，保护好商品生产者和消费者的权利，各国开始纷纷给予商标法律保护。1804 年，法国颁布了《拿破仑法典》，明确商标权作为财产权受到保护。1857 年，法国颁布了《关于以使用原则和不审查原则为内容的制造标记和商标的法律》，确定了商标注册的商标保护制度。随后，英国、德国、美国、日本先后制定了成文的商标法，其中英国的第一部注册商标法于 1875 年颁布。目前，世界上大多数国家都制定了商标法，明确将商标作为工业产权予以保护，而且大部分国家都采用的是商标注册保护制度，也就是说商标权只能通过注册才能获得。

标注商标在其右上角加注®，是“注册商标”的标记，意思是该商标已在国家商标注册主管机构进行注册申请并已经审查通过，成为注册商标。圆圈里的 R 代表注册。注册商标具有排他性、独占性、唯一性等特点，任何企业或个人未经注册商标所有权人许可或授权，均不可自行使用，否则将承担侵权责任。而平时常见的“TM”则是商标申请注册中的意思，即标注“TM”的文字、图形或符号是正在等待国家注册主管机构核准的商标，国家注册主管机构已经受理注册申请，但不一定会核准注册。

我国发现的历史上较为完整的商标是北宋时期山东济南刘家工夫针铺所用的“白兔商标”，商标中心图是一只白兔，左右两边刻有“济南刘家工夫针铺”“认门前白兔儿为记”，基本上具备了现代商标的全部特征。[①] 在中国封建时期，也出现了如“六必居”“同仁堂”等具有现代意义的商号，但是由于封建社会的商品经济很不发达，因此在我国封建社会时期并没有对商标进行立法保护。我国历史上第一部商标法规是 1904 年颁布的《商标注册试办章程》，随后北洋政府和国民政府在此基础上分别在 1923 年和 1930 年颁布了商标法。

1950 年，中华人民共和国废除了民国时期的商标法，批准公布了《商标注册暂行条例》，对注册商标进行保护。1963 年，我国通过了《商标管理条例》。1982 年，我国通过了《中华人民共和国商标法》（以下简称《商标法》）并于 1983 年 3 月 1 日生效。这部法律中体现了现代商标法的

① 张平. 知识产权法［M］. 北京：北京大学出版社，2015：186.

主要原则，如保护商标专用权原则、保护消费者利益原则、注册原则、自愿注册和强制注册并用原则、审查原则等。为了适应国内市场的发展和履行我国加入 WTO（世界贸易组织）的义务，我国分别在 1993 年、2001 年、2013 年和 2019 年对商标法进行了修改。修改后的商标法在商标保护方面有如下几个显著的特点。

（1）扩大了权利主体范围，自然人可以申请商标注册，并明确规定了商标共有的情形。

（2）扩大了商标的保护的客体范围。一般常见商标的构成要素包括文字、图形、数字、字母、三维标志和颜色组合；但也允许把声音、单一颜色注册成商标。

（3）加强了商标保护力度。设置了有关驰名商标的保护条款，提高了商标侵权法定赔偿额度，赔偿额上限先是由原来的 50 万元提高到 300 万元，后又提高到 500 万元（2019 年修正），进一步加大侵权成本，惩罚恶意侵权人，给予权利人更加充分的保障。

（4）对于商标恶意注册行为予以驳回。在 2019 年《商标法》修正中新增了“不以使用为目的的恶意商标注册申请，应当予以驳回”的规定，旨在打击恶意囤积注册商标，以谋取不正当利益的行为。

三、著作权制度的起源及权利保护

著作权，有时也称版权，发源于西方国家。研究人员认为，其是以出于对印刷业的保护为开端，后续逐步转为对作品的保护。

欧洲第一个由统治者正式颁发的保护印刷出版的专有权出现在威尼斯。15 世纪，印刷商获得在威尼斯的出版专有权，为期 5 年。随后，法国、英国等国家陆续为印刷出版商颁发禁止他人随意翻印其出版书籍的特许令。[①] 从本质上来说，其实际上是印刷出版权，并没有对作者自身权利的保护。随着个人权利观念的强化，这种主要以保护印刷商特权而不是保护作者利益的制度所引发的冲突在 16 世纪已经出现，德国宗教改革领袖马

① 杨艺文. 知识产权保护国际化比较研究［D］. 北京：中国政法大学，2009：2.

丁·路德对印刷出版者无偿占有作者的创作成果提出抗议，他在1525年出版的一本题为《对印刷商的警告》的小册子中，揭露了印刷商盗用其手稿的行为，指责出版商的行为与拦路抢劫的强盗毫无区别。① 1690年，英国哲学家洛克指出，作者在创作作品时所花费的时间与劳动，与其他劳动成果的创作人的花费没什么不同，因此其作品也应当获得应有的报酬。

随着经济发展与文化产品在社会中的地位不断提高，要求保护作者权利的呼声越来越强烈。在1709年，英国议会通过了世界上第一部具有现代意义的著作权法——《安娜法令》，即《为鼓励知识创作而授予作者及购买者就其已印刷成册的图书在一定时期内之权利的法》，确认了作者对于作品享有首先印刷的独占权，结束了印刷商对出版的垄断。②

法国早在1777年就颁布了关于印刷出版方面的法令，确认作者有权出版和销售自己的作品。法国大革命后，在《人权宣言》的指导下，法国于1793年颁布的《作者权法》更注重强调作者的精神权利和人身权利，将其置于更重要的位置，而不仅仅是财产权利。此外，法国立法者引入了“作者权”的概念，在法律条文中明确指明了权利的主要受益人，对后来大陆法系国家的著作权立法产生了深远的影响。③

1893年（明治二十六年），日本制定了保护作者权利的《版权法》，版权一词在日本被认为是从英文“copyright”翻译而来，最初是指通过拥有官方许可证而拥有的图书专卖权，后来又用来表示作者的专有出版权。

1899年（明治三十二年），日本制定了新的保护作者权利的法律，即《日本著作权法》。因此现代通用的著作权概念，人们通常认为形成于日本。

基于各国政治、社会、经济和文化意识的差异，对著作权法律制度的构建和解释中既有联系又有区别。

英美法系中认为著作权实质是为商业目的而复制作品的权利，创作者的权利表述为“copyright”，其字面含义是指复制的权利。因此英美法系更

---

① 张平．知识产权法［M］．北京：北京大学出版社，2015：31.
② 张平．知识产权法［M］．北京：北京大学出版社，2015：31.
③ 杨艺文．知识产权保护国际化比较研究［D］．北京：中国政法大学，2009：3.

注重权利人对于作品复制和使用行为的控制，以经济保护为核心，把著作权人当作著作权财产权人，强调著作权的单一财产权性质，将创作者的精神权利视为一般的人身权。

与英美法系不同的是，大陆法系国家更强调对于作者精神权利的保护，创作者的权利称为“author's right”，直译为“作者权”，立法中称之为“著作权”。采用著作权立法模式的国家普遍强调作者权益，突出著作权是天赋的权利，但同时也将作者的财产权和人身权都纳入著作权保护的范畴。以德国为代表的一元论，认为著作权是财产权和人身权的有机组合，无法分割；以法国为代表的二元论，认为著作权由独立的财产权和人身权所构成。尽管大陆法系立法指导思想存在差异，但其对著作权内容的基本含义都是相同的。有学者形象描述大陆法系的 author's right = right，英美法系中的 copyright = money。①

由于我国古代在印刷领域处于世界领先水平，为印刷书籍提供了先进的技术支撑，因此著作权的保护思想在我国自古有之，比如封建朝廷特许国家机构（例如国子监等）垄断书籍的印刷发行权，禁止私人擅自印刷。但在封建王权社会统治下，不可能产生私权保护的理念和观念，即便是由封建朝廷特许批准的机构，保护的也仅仅是出版者的垄断权利，或者说是印刷者的权利，而并不是作者的权利。

在晚清时期，鸦片战争的失利导致国门大开，资产阶级思想陆续进入中国，资本主义豪强在中国划分势力范围。为了更好地保护其在中国的既得利益，资本主义豪强强迫清政府与其签订了一系列的不平等条约。1903年中美在上海签署了《中美续议通商行船条约》，其中第 11 条明确提出了相互保护版权。1910 年清政府颁布的《大清著作权律》是中国历史上第一部专门保护著作权的法律。1925 年，北洋政府制定了著作权法。中华人民共和国成立后，相当长的一段时间内，我国没有专门的著作权法对著作权进行保护，著作权保护制度未完善，著作权基本有赖于国家相关部门在不同领域的相关规定得到相应的保护。直到 1986 年我国正式颁布了《中华人民共和国民法通则》（以下简称《民法通则》），《民法通则》中第 94 条

---

① 张平．知识产权法［M］．北京：北京大学出版社，2015：29．

规定："公民、法人享有著作权（版权），依法有署名、发表、出版、获得报酬等权利。"自此著作权的保护才首次在法律中得以确立。在《民法通则》基础上，我国在1991年正式实施《中华人民共和国著作权法》（以下简称《著作权法》）。结合我国实际国情和我国加入WTO的进程，《著作权法》综合采纳了英美法系和大陆法系的理念，经过了多次修改，形成了自身的保护特点。

（1）兼顾人身权和财产权。

根据《著作权法》第10条规定，著作权既包括人身权，如发表权、署名权、修改权和保护作品完整权；也包括财产权，如复制权、发行权、出租权、展览权、表演权、放映权、广播权、信息网络传播权、摄制权、改编权、翻译权、汇编权以及其许可他人使用而获取报酬的权利，从而兼顾了著作权的各项权利，避免了英美法系只注重财产权和大陆法系注重人身权的弊端。[①]

（2）权利归属。

在大陆法系中，著作权归属于作者，单位或组织可以通过合同许可使用。在英美法系中，雇主可以通过约定享有著作权。在我国《著作权法》中，著作权一般均属于作者。如果由法人或者其他组织创作并承担责任的作品，法人或者其他组织视为作者。也就是说，在我国，公民、法人或者其他组织均可以成为著作权的原始主体。

（3）权利保护力度大。

第三次修正后的《著作权法》第54条规定，侵犯著作权或者与著作权有关的权利的，按照权利人实际损失或者侵权人的违法所得给予赔偿；难以计算的，可以参照该权利使用费给予赔偿。对于故意侵犯著作权或者相关权的，可以在按照以上方法确定数额的1倍以上5倍以下给予赔偿。权利人的实际损失、侵权人的违法所得、权利使用费难以计算的，由人民法院根据侵权行为的情节，判决给予500元以上500万元以下的赔偿。赔偿数额还应包括权利人为制止侵权行为所支付的合理开支。

《著作权法》第三次修正后将侵犯著作权的赔偿上限提高到500万元，

① 张平. 知识产权法［M］. 北京：北京大学出版社，2015：34.

将赔偿倍数上限提高到 5 倍，表明了国家打击著作权侵权行为的决心。

四、地理标志的起源及权利保护

地理标志起源于法国的葡萄酒产地保护制度，是在“货源标志”和“原产地名称”的概念上进一步发展而来。第一次提出“地理标志”是在 1991 年的乌拉圭回合谈判中，并在 1994 年的马拉喀什部长会议上通过的 TRIPS 中正式得到体现和国际认可。根据其发展渊源及 TRIPS 关于“地理标志”的概念，其包括下面几层含义。

（1）地理标志是一种商业标志，用来指示一商品来源于一国或一国领土内的地区或地方，可以是直接、描述性的地理名称，也可以是其他具有地理来源指示作用的图形或符号。

（2）地理标志具有指示商品质量、声誉或其他特征的功能，并且表明此质量、声誉或特征与商品的地理来源具有质的联系。对于商品而言，地理标志是一种无形的资产，与其他的产品宣传方式相比，其具有独特的产品信息传递功能，可大大提高商品的附加值。比如烟台苹果、武夷山大红袍茶叶、库尔勒香梨等。

在目前的地理标志保护中，许多国家是将地理标志作为特殊商标进行保护。目前世界上主要的两种地理标志保护模式为商标法保护模式（美国为代表）和专门立法保护模式（法国为代表）。在以商标法为保护模式的保护框架下，地理标志就是一种特殊类型的商标。但从《巴黎公约》第 1 条第 2 款的规定可以看出，地理标志和商标虽然同属于工业产权但确又有差别。其区别主要体现在以下三个方面。

（1）权利属性不同。商标所有权人具有独占使用权、许可使用权、依法转让权以及禁止权。地理标志的所有权人不具有独占使用权，而且也不能转让，因为地理标志与其标志的地理环境具有统一性，生产者离开了该地理环境就丧失了使用权。

（2）功能不同。地理标志具有强烈的信息传递功能，地理标志商品的质量、声誉等是由其独特的地理来源环境所决定，具有不可复制性。商标可以依法转让，只要生产者达到商标权所有人要求，不论来源地，支付一定费用即可获得商标使用权。

（3）内容不同。地理标志一般对商品来源地的土壤、气候、传统文化等有着严格规定，对商品的生产、加工整个过程有完整的制度规范标准。而商标则没有对上述内容进行严格规定。①

第二节 知识产权的国际保护

知识产权国际保护，是指以知识产权国际保护公约为基本形式，以政府间国际组织为协调机构，通过对各国或地区内知识产权法律进行协调并形成相对统一的国际法律制度。知识产权国际保护制度兴起于 19 世纪 80 年代，现已成为国际经济、文化、科技、贸易领域中的一种法律秩序。它以《巴黎公约》、《保护文学和艺术作品伯尔尼公约》（以下简称《伯尔尼公约》）、TRIPS 等代表性的国际公约为基本形式，以世界知识产权组织、WTO 等相关国际组织为协调机构，对各国或地区知识产权制度进行协调，从而在知识产权保护领域形成国际性的法律规则与秩序。知识产权国际保护制度的形成，标志着知识产权立法步入一个新的历史阶段，即各国或地区独自产生的知识产权制度，在知识产权国际保护的框架下，逐渐走上一体化、国际化的道路。②

一、双边协定阶段

知识产权国际保护最初以双边协定为主要方式，这是知识产权国际化的第一步。这个阶段存在于 1883 年《巴黎公约》签订以前，当时，随着国际贸易往来的增多，文化交流也日益频繁。如果仅仅保护国内的文学艺术作品，直接后果就是外国文学艺术作品成为“海盗”的抢手货，极其低

① 李娟. 地理标志保护制度研究［D］. 北京：中国政法大学，2010：6.

② 吴汉东. 知识产权国际保护制度的变革与发展［J］. 法学研究，2005（3）：126.

廉的售价会严重打击本国国内的文学艺术作品。为了消除仅仅给予本国国民的作品或发明提供保护所带来的缺陷，许多国家采取了签订双边协定的方式，相互给对方国家的国民以国民待遇，其结果是自己国家能够从对外国人智慧创作物的保护中获得有益的回报。英国也从这些双边保护协定中，提升了自身版权保护水平，如将版权保护对象从文字作品扩展到艺术作品、翻译作品等。在欧洲，到 1886 年《伯尔尼公约》缔结之前，关于知识产权保护的双边协定已经达到 30 多个。

随着时间的推移，双边协定逐渐被标准化。同时，各国从中所获得的丰厚利益使得有关国家紧紧抱成一团，编织成了一张复杂的关系网。

然而，知识产权双边协定的保护方式有着自身无法克服的弊端。例如，比较零散不成体系，只能约束缔约双方，适用范围相当有限；它受缔约双方的政治、经济等因素的影响较大，故订立与适用存在不稳定性；订立的程序繁琐等①。

到 19 世纪下半叶，双边协定的保护方式已经越来越不能适应知识产权国际保护的发展要求。1873 年的维也纳世界博览会是知识产权国际保护多边保护方式确立的契机。1873 年，奥地利邀请各国参加维也纳世界博览会，但各国都因为担心自己所展览的技术得不到有效保护而拒绝参加。美国对奥地利政府所提供的知识产权保护表示不满。针对这种情况，奥地利制定了专门的法律，承诺对所有参展的外国人的发明、商标和工业品外观设计等知识产权提供临时保护，并且采纳德国工程师建议，在博览会期间召开国际专利大会。11 个国家的代表出席了国际专利大会，详细讨论了对发明采取有效国际保护的必要性和基本原则，并敦促各国政府尽早缔结保护工业产权的国际公约，知识产权的多边合作开始酝酿。

二、公约阶段

这个阶段存在于 1883 年至 1971 年。之所以称为公约阶段，是因为 1883 年《巴黎公约》与 1886 年《伯尔尼公约》这两个国际性公约的缔结

① 杨艺文．知识产权保护国际化比较研究［D］．北京：中国政法大学，2009：13.

被认为是知识产权国际化第二阶段的起点。①

（一）《巴黎公约》

1878 年的工业产权国际会议上，各国提出了为实现专利保护，必须制定各国共同遵守的专利法基本原则，并成立了保护工业产权公约的起草委员会，确定由法国负责起草工作。1880 年 11 月 4 日至 20 日在巴黎召开国际会议，在该会议上讨论并通过了《巴黎公约》草案。《巴黎公约》最终于 1883 年诞生，1884 年 7 月 7 日正式生效，最初有 11 个成员国。《巴黎公约》是知识产权国际合作成果的典范，作为世界上第一个保护工业产权的多边国际公约，它的生效标志着工业产权保护国际协调的开始和工业产权国际保护标准的初步确立。《巴黎公约》的签订，对于打破发明创造专利只在一国取得保护的禁锢、促进科技的国际交流、激励智力成果创造者的积极性起着重要的历史里程碑作用，其诞生是知识产权国际保护历史上的一次至关重要的进步。《巴黎公约》规定的知识产权国际保护的基本原则和法律规范在工业产权国际保护中处于核心地位，该公约至今仍然是工业产权国际条约体系中的主导条约，统领着其他工业产权国际条约。《巴黎公约》在生效后的 100 多年里经过了八次修订，逐步完善，越来越适应各国共同保护知识产权的需要。现在大多数国家使用的是第八次修订的 1967 年的斯德哥尔摩文本。该文本共有 30 条，按其结构分为实质性条款、行政性条款和最终条款三部分。其中实质性条款规定了工业产权国际保护标准的核心部分。《巴黎公约》明确了工业产权的保护范围，包括发明、实用新型、工业品外观设计、商标、服务商标、厂商名称、货物标记或原产地名称以及制止不正当竞争；对于工业产权作了广义理解，适用于工业和商业、农业和采掘业以及一切制造品或者天然品；它规定的专利包括联盟成员国法律所承认的各种权利，如输入专利、改良专利、增补专利等。②

《巴黎公约》中规定的知识产权，尤其是工业产权的国际保护标准的

① 杨艺文. 知识产权保护国际化比较研究［D］. 北京：中国政法大学，2009：14.

② 杨艺文. 知识产权保护国际化比较研究［D］. 北京：中国政法大学，2009：15.

初步确立以及在各成员国的贯彻执行，标志着专利制度国际化和工业产权制度国际协调的初步确立，对于促进各国工业产权制度的协调统一，起到了重要的作用。《巴黎公约》所确立的知识产权国际保护的几项基本原则是各成员国必须共同遵守的准则，是各成员国制定和修改本国工业产权法的重要依据。这其中，国民待遇原则、优先权原则、独立原则和强制许可原则最为重要。

1. 国民待遇原则

在工业产权保护方面，公约各成员国必须在法律上给予公约其他成员国相同于其该国国民的待遇；即使是非成员国国民，只要他在公约某一成员国内有住所，或有真实有效的工商营业所，亦应给予相同于该国国民的待遇。

2. 优先权原则

《巴黎公约》规定凡在一个缔约国申请注册的商标，可以享受自初次申请之日起为期6个月的优先权，即在这6个月的优先权期限内，如申请人再向其他成员国提出同样的申请，其后来的申请可视同在首次申请的日期提出。优先权的作用在于保护首次申请人，使他在向其他成员国提出同样的注册申请时，不致由于两次申请日期的差异而被第三者钻空子抢先申请注册。发明、实用新型和外观设计的专利申请人从首次向成员国之一提出申请之日起，可以在一定期限内（发明和实用新型为12个月，外观设计为6个月）以同一发明创造向其他成员国提出申请，而以第一次申请的日期为以后提出申请的日期。其条件是，申请人必须在成员国之一完成了第一次合格的申请，而且第一次申请的内容与日后向其他成员国所提出的专利申请的内容必须完全相同。

《巴黎公约》中的优先权是为了便于缔约国国民在其本国或其他缔约国提出申请后再向另外的缔约国提出申请而设立的。各国（除个别国家外）专利法都采用先申请原则，对于同样内容的申请，只对最先申请的人授予专利权，并且各国专利法又都规定授予专利权的内容应当具有新颖性和创造性，而几乎所有国家的专利法都规定判断新颖性和创造性的时间界限是申请日。

这意味着，如果希望就同一内容在几个国家获得专利保护，那么申请人必须同时在这些国家提出申请，否则可能就会由于他人抢先申请或者使发明创造的内容公开，而造成其专利申请新颖性的丧失，最终不能在这些国家获得专利。

然而，申请人就同一内容同时在几个国家，特别是不同语种的国家提出专利申请难度较大。因为准备、翻译申请文件和办理申请手续需要一定的时间，而且，在决定向外国申请专利以前，有关的发明创造的应用价值如何，是否有必要向外国申请专利，以及向哪些外国申请专利，也需要时间进行考虑。因此，《巴黎公约》规定了优先权原则，要求缔约国相互之间给予对方的国民以一定期间的优先权。优先权原则的制定为缔约国的国民在其他缔约国获得专利保护提供了极大的便利。

3. 独立性原则

申请和注册商标的条件，由每个成员国的本国法律决定，各自独立。对成员国国民所提出的商标注册申请，不能以申请人未在其本国申请、注册或续展为由而加以拒绝或使其注册失效。在一个成员国正式注册的商标与在其他成员国包括申请人所在国注册的商标无关。这就是说，商标在一成员国取得注册之后，就独立于原商标，即使原注册国已将该商标予以撤销，或因其未办理续展手续而无效，但都不影响它在其他成员国所受到的保护。同一发明创造在不同国家所获得的专利权彼此无关，即各成员国独立地按本国的法律规定给予或驳回，或撤销，或终止某项发明专利权，不受其他成员国对该专利权处理的影响。这就是说，已经在一成员国取得专利权的发明创造，在另一成员国不一定能获得；反之，在一成员国遭到拒绝的专利申请，在另一成员国则不一定遭到拒绝。

4. 强制许可专利原则

《巴黎公约》规定：各成员国可以采取立法措施，规定在一定条件下可以核准强制许可，以防止专利权人可能对专利权的滥用。某一项专利自申请日起的四年期间，或者自批准专利日起三年期内（两者以期限较长者为准），专利权人未予实施或未充分实施，有关成员国有权采取立法措施，核准强制许可证，允许第三者实施此项专利。如在第一次核准强制许可特许满两年后，仍不能防止赋予专利权而产生的流弊，可以提出撤销专利的程序。《巴黎公约》还规定强制许可，不得专有，不得转让；但如果连同使用这种许可的那部分企业或商誉一起转让，则是允许的。

（二）《伯尔尼公约》

在涉及版权的国际保护领域，《伯尔尼公约》是第一个，也是处于主导地位的国际条约，它由国际文学艺术联合会倡议签订。1883 年该联合会在瑞士伯尔尼召开大会时，通过了《建立文学和艺术作品作者权和保护联盟公约》。该文件提出建立一个保护文学和艺术作品联盟，提出版权保护的原则和内容以及参加该联盟的程序等内容，成为《伯尔尼公约》的基础。

1884 年，在瑞士首都伯尔尼召开国际会议讨论建立版权国际公约，因为有一些国家的不同意见而没能取得实质性的成果。1885 年到 1886 年在伯尔尼又召开了几次外交会议，经过反复讨论和补充修改，终于在 1886 年 9 月的外交会议上通过了《伯尔尼公约》。当时在公约上签字的国家有 10 个，该公约在 1887 年底正式生效。①

《伯尔尼公约》规定了版权国际保护领域适用的国民待遇原则、自动保护原则、保护的独立性原则和最低保护限度原则；详细地规定和说明了受保护作品的范围；明确了作者应受保护的权利，包括经济方面的权利和精神方面的权利；将版权的保护期限按照普通版权、电影作品、匿名作品或假名作品、摄影作品及实用艺术品、共有作品的类型依据分别规定了明确的保护期等。《伯尔尼公约》首次确定了版权领域的国际统一保护标准，为各国合理安排国内的版权保护制度提供了基础和依据。《伯尔尼公约》的缔结和生效，标志着版权的国际保护体系正式开始形成，随着后续的历次修订逐渐得到发展和完善。总的趋势是增加缔约成员、扩展权利保护范围以及延长权利保护期限。虽然在修订中权利种类、权利的保护范围与保护对象不断扩张，但这种扩张只适用于愿意提高保护水平的国家，而非一种原则性规定。②

美国在 1989 年才加入《伯尔尼公约》，因为《伯尔尼公约》与其国内

---

① 董升．知识产权国际保护标准的考量与应对［D］．长春：吉林大学，2007：5.

② 杨艺文．知识产权保护国际化比较研究［D］．北京：中国政法大学，2009：16.

的版权法不相容，主要分歧在于保护期限、是否保护人身权以及版权是否应注册产生等。在美国加入《伯尔尼公约》之前，美国的作品也在《伯尔尼公约》成员如加拿大、英国境内受到了公约保护，使这些国家与美国之间产生了矛盾。由此，1952 年，联合国教科文组织主持制定了《世界版权公约》，促使美国及其他非《伯尔尼公约》成员能参与统一的国际版权保护行动。

（三）工业品外观设计保护条约

《工业品外观设计国际注册海牙协定》（以下简称《海牙协定》）是巴黎公约成员国缔结的专门协定之一。该协定于 1925 年 11 月 6 日在海牙缔结，于 1928 年生效，并成立了“海牙联盟”，自签订后作过多次修订，有 1925 年海牙文本、1934 年伦敦文本、1960 年海牙文本、1967 年斯德哥尔摩文本（1979 年经修订补充）、1999 年日内瓦文本。1999 年《海牙协定》日内瓦文本缔结，目的是使这一制度更加符合用户的需求，为那些由于其工业品外观设计制度而不能加入 1960 年海牙文本的国家，加入该协定提供便利。

《海牙协定》的主要内容为：具有任何一个海牙联盟成员国国籍或在该国有住所或经营场所的个人或单位都可以申请“国际注册”。申请人只要向世界知识产权组织国际局进行一次申请，就可以在要想得到保护的成员国内获得工业品设计专利保护。申请国际保存时，不需要先在一个国家的专利局得到外观设计的专利的批准，只通过一次注册，可以同时在几个国家取得保护。国际注册的期限为 5 年，期满后可以再以 5 年为期续展。

（四）商标保护条约

《商标国际注册马德里协定》（以下简称《马德里协定》），是关于简化商标在其他国家内注册手续的国际协定。1891 年 4 月 14 日在马德里签订。1989 年 5 月 25 日中国加入该协定。《马德里协定》保护的对象是商标和服务标志。其主要内容包括商标国际注册的申请、效力、续展、收费等。该协定规定：商标的国际注册程序是协定的成员国国民，或在成员国有住所或有真实、有效营业所的非成员国国民，首先在其所属国或居住或设有营业所的成员国取得商标注册，然后通过该国商标主管机构，向设在日内瓦的世界知识产权组织国际局提出商标的国际注册申请。如果申请得到核准，由国际局公布，并通知申请人要求给予保护的有关成员国。这些成员国可以在一年内声明对该项商标不予保护，但需要说明理由；申请人可以向该国主管机关或法院提出申诉。凡在一年内未向国际局提出驳回注册声明的，可以视为已同意了商标注册。经国际局注册的商标享有20年有效期，并且可以不限次数地续展。协定便利了其成员国国民在协定的其他成员国取得商标注册。此外，根据该协定，如果取得了国际注册的商标在其取得国际注册之日起5年内被本国商标主管机关撤销了其本国注册或宣告本国注册无效，则该商标在协定其他成员国的商标注册也将随之被撤销。只有当取得国际商标注册届满5年之后，该商标在协定各其他成员国的注册才能独立于其本国注册。《马德里协定》是对《巴黎公约》关于商标注册部分的一个补充，根据其规定，须先参加《巴黎公约》，才能参加《马德里协定》。

（五）《视听表演北京条约》

《视听表演北京条约》（以下简称《北京条约》）是关于表演者权利保护的国际条约。该条约赋予电影等作品的表演者依法享有许可或禁止他人使用其在表演作品时的形象、动作、声音等一系列表演活动的权利。《北京条约》的诞生，意味着词曲作者和歌手等声音表演者享有的复制、发行等权利，电影演员等视听作品的表演者也将享有。该条约于2012年6月26日在世界知识产权组织在北京组织召开的第三次世界知识产权组织保护音像表演外交会议上签署。该条约主要针对录制在“视听录制品”中的表演，为表演者规定了广泛的权利，填补了视听表演领域全面版权保护国际条约的空白。

在《北京条约》缔结之前，有三大国际条约涉及对表演者权利的保护，即《保护表演者、录音制品制作者和广播组织罗马公约》、TRIPS、《世界知识产权组织表演和录音制品条约》。这三大条约都对视听表演者提供了一定程度的保护，但不是全面的保护。例如在舞台上表演的京剧，就是典型的视听表演，既有声音唱腔，又有动作和形象。如果有人未经许可，对表演进行现场直播或者录音录像，那么这三大条约都是禁止的，因此不能说在《北京条约》缔结之前，对视听表演者就没有提供任何保护。但这些条约区分了以音频的方式和以视频的方式录制的表演，对前者提供保护，对后者不提供保护。

假如京剧表演者已经许可他人将其演出京剧时的声音录成CD，而有人擅自翻录和销售该CD，那么京剧表演者就可以起诉此人侵犯其表演者权。但假如京剧表演者已经许可他人将其演出的京剧录成DVD，而他人擅自翻录和销售该DVD，则三大条约的缔约国没有义务提供保护。而在《北京条约》生效后，京剧表演者以DVD等视听录制品形式记录的表演就会在缔约国受到保护，他人擅自翻录和销售该视听录制品就是侵权行为。因此，《北京条约》与过去三大条约的不同之处在于，不再区分以音频方式录制的表演和以视频方式录制的表演，对两者都提供保护。

《北京条约》的缔结，对于完善国际表演者版权保护体系，推动世界各国文化产业健康繁荣，促进包括中国在内的、具有悠久文化历史的发展中国家的传统民间表演艺术发展，具有里程碑式的意义。该条约也将有利于完善中国的著作权法律制度、提高中国表演者的权利保护水平，推动中国传统文化“走出去”。《北京条约》是在中国诞生的第一个国际知识产权条约，大大提升了中国版权事业的国际地位和北京在国际社会的知名度。

（六）TRIPS

1. TRIPS的缔结

以美国为首的发达国家，为了在国际市场中获得更大的贸易份额和保持其产品的竞争优势，在意识到贸易领域处处充满了专利、商标、版权、技术秘密等知识产权问题，而且这些已经成为影响贸易产品质量和贸易额以及反映一个国家综合国力的关键因素之后，要求在关税与贸易总协定（以下简称“关贸总协定”）第七轮东京回合谈判中第一次将知识产权问题列入谈判议题。由于发展中国家的反对，谈判没有结果。到1987年关贸总协定第八次乌拉圭回合谈判时，美国再次提出要求将知识产权、服务贸易和投资贸易三个问题列为谈判内容，最后的《乌拉圭回合部长宣言》同意将知识产权纳入谈判内容。经过5年的谈判，1991年12月18日，关贸总协定各缔约方同意了总干事邓克尔提出的《与贸易有关的（包括假冒商品贸易）知识产权协议（草案）》，到1993年11月它被“一揽子”载入乌拉圭回合谈判的最后文件。TRIPS既然是乌拉圭回合成果的一部分，理所当然地成为WTO的新规则。①

关贸总协定乌拉圭回合谈判达成的TRIPS的缔结，标志着知识产权国际保护标准最终得到确立并且被提升到了新的高度。

2. TRIPS的主要基本原则

TRIPS旨在在全球范围内提高和统一对知识产权保护的认识，是迄今为止最全面的知识产权协议。这主要表现在以下三个方面。

第一，作为WTO法律文件的一部分，TRIPS包含了国民待遇和最惠国待遇原则，这是TRIPS的基本原则。TRIPS把关贸总协定的基本原则适用到知识产权保护领域，明确了知识产权国际保护的若干新原则，最惠国原则便是其引入的原则之一。第二，TRIPS在第8条第1款强调了保护公共秩序、公共健康；在第8条第2款规定了对知识产权所有人的权利限制，避免滥用知识产权。此外，协议中还体现权利要求的独立保护、优先权、版权的自动保护等精神。第三，TRIPS规定了成员在其知识产权立法中必须采纳的最低保护标准。该协议规定，各成员应实施该协议的规定。各成员可以，但并无义务，在其法律中实施比该协议更广泛的保护，只要此种保护不违反该协议的规定。

3. TRIPS与国际知识产权条约的关系

TRIPS较好地处理了自身与原有知识产权国际条约之间的关系。按照TRIPS的相关规定，它把以往规定知识产权国际保护标准的知识产权国际条约分为三大类别。

第一类是TRIPS基本完全肯定、吸收，要求全体成员必须遵守并且执行的国际条约，如《巴黎公约》《伯尔尼公约》《罗马公约》等。同时TRIPS也对这类条约进行了少量的修改、限制和保留，如TRIPS第1条第3款规定，任何利用《罗马公约》第5条第3款或第6条第2款中规定的可能性的成员，都应按这些条款中所预想的那样，向与贸易有关的知识产权

---

① 杨艺文．知识产权保护国际化比较研究［D］．北京：中国政法大学，2009：18．

理事会作出通知；TRIPS 第 5 条规定，第 3 条和第 4 条之义务，不适用于在世界知识产权组织主持下订立的有关取得或维持知识产权的多边协定中规定的程序。①

第二类是 TRIPS 基本完全肯定、要求全体成员按对等原则执行的国际条约，主要包括的是《巴黎公约》的一系列子公约，如 PCT、《马德里协定》等。

第三类是 TRIPS 并没有提及，并不要求全体成员遵守并执行的国际条约。TRIPS 通过与贸易利益相挂钩的方式，保留了原有的主要的知识产权条约的主要原则和主要内容，实现了与原有国际知识产权公约的衔接。②

TRIPS 与以往国际知识产权条约的规定相比还有以下一些区别。

在专利保护方面，把保护范围拓展到了对未公开的信息即技术秘密的保护；保护的强度也增强了，规定了对专利侵权的惩罚。

在版权和邻接权保护方面，TRIPS 只保护作品的形式，而不保护作品所传达的思想；只保护作者的经济权利，而不保护作者的精神权利。

在商标保护方面，对商标的保护范围拓展到了对驰名商标和原产地的保护，而且对保护措施增加了司法程序等。

4. TRIPS 的缺陷

从本质上讲，TRIPS 的主要目的是在全球范围内提高对知识产权的保护水平，该协议中也有一些保护公共利益的条款，特别针对那些知识产权能力较低的国家，使其免受国际知识产权制度的不利影响。不过，这些条款存在严重的缺陷，以下两个方面的缺陷尤为显著③。

（1）不能有效地消除知识产权拥有者的反竞争行为。由于知识产权本身的垄断性质，人们很难分清楚国际知识产权制度容许的“垄断”行为和超越此限度的滥用权利行为。

在防止知识产权滥用方面，一方面确实存在滥用权利行为的危险，另一方面却难以准确地划清滥用的界限。TRIPS 实际上也难以有效地防止反

① 杨艺文. 知识产权保护国际化比较研究［D］. 北京：中国政法大学，2009：21.

② 刘剑文. TRIPS 视野下的中国知识产权制度研究［M］. 北京：人民出版社，2003：18.

③ 杨艺文. 知识产权保护国际化比较研究［D］. 北京：中国政法大学，2009：22.

竞争行为。TRIPS 第 8.2 条规定了一个一般但却含糊的声明："只要与本协议的规定相一致，可能需要采取适当措施以防止知识产权权利持有人滥用知识产权或采取不合理地限制贸易或对国际技术转让造成不利影响的做法。"由于对知识产权领域中各种可能的滥用权利行为缺乏具体详细的规定，TRIPS 第 8.2 条实际上难以发挥效力。

（2）对低知识产权能力成员的帮助不够充分，特别是在使发展中成员和最不发达成员承担加强知识产权保护义务的同时，未能有效地加快向这些国家转移技术的速度。知识产权能力较低的 WTO 成员，特别是最不发达成员和发展中成员，必定会在实施 TRIPS 过程中面临诸多障碍。许多成员的知识产权制度在立法和实施层面上，都与 TRIPS 难以相容，有的成员甚至根本就没有知识产权制度。在最不发达成员，由于技术基础薄弱，经济也未实现工业化，加上公众缺乏足够的知识产权意识，因此很难建立与 TRIPS 相适应的知识产权环境。即使 TRIPS 中有关于发达成员应向发展中成员和最不发达成员提供援助的规定，但 TRIPS 并未规定援助的方式、方法或者援助的时间表及援助水平等。

三、区域一体化阶段

（一）《欧洲专利公约》

专利权是一种基于属地主义的权利保护，即专利申请人必须在每一个所欲得到保护的区域（如个别国家）提出专利申请，经审查核准后方可取得专利权。对于欲在欧洲地区申请专利的申请人而言，首先必须决定的是欲在哪个国家申请。决定申请国家之后，申请人应以指定官方语言准备申请文件。当专利申请文件不是以所要申请国家的官方语言所撰写时，此时会产生申请文件的翻译费用。在文件齐备后，申请人必须对个别国家提出专利申请，并独立地进行专利审查程序。换言之，在专利申请的初期，申请人即可能必须面对相当昂贵的文件翻译费及各国代理人费用。

有鉴于此，多个欧洲国家以国际公约的方式建立了现行的欧洲专利统一申请制度，其现行的制度可适用于签署了《欧洲专利公约》（EPC）的会员国。其优点在于，专利申请人可以选择以英文、德文或法文为官方语言，向欧洲专利局（EPO）提出专利申请，并指定之后欲生效的个别会员国家。申请人无须在申请初期即负担沉重的文件翻译费用。待专利申请经欧洲专利局核准后，为了在指定国家生效，申请人仍需将该核准的欧洲专利局专利翻译为该指定国家的官方语言，并在相应国家登记注册。若专利权人之后欲提起专利有效性争议或专利诉讼时，该专利权人仍需分别通过各个国家的司法系统寻求救济。值得一提的是，2008 年 5 月 1 日，旨在降低欧洲专利翻译费用的《伦敦协议》生效。该协议规定，特定欧洲国家可以接受以非该国家官方语言所提出的 EPC 专利申请，即申请人在某些条件下可以不需要进一步翻译专利申请文件。简言之，如果缔约国的官方语言为欧洲专利局任一官方语言（英文、法文和德文），将根据 EPC 第 65 条（1）完全免除专利翻译要求；如果缔约国的官方语言中不包含欧洲专利局官方语言，则有权要求申请人将欧洲专利申请的权利要求翻译成该国指定的一种官方语言。此外，根据《伦敦协议》第 1 条（2）的规定，上述国家还可要求申请人将欧洲专利申请的说明书全文翻译成该国指定的一种欧洲专利局官方语言。对于未指定任何语言的缔约国，申请人则无须提交说明书译文。在《伦敦协议》生效后，可以预见的是欧洲专利文本翻译费用将会大幅降低，为申请人提供更多的便利，进而有力地促进欧洲经济的发展。

（二）欧盟专利一体化

在现今基于知识和创新的经济增长方式下，建立欧洲统一专利保护体系对欧盟乃至整个欧洲是十分必要的。数十年来，欧洲一些国家一直都在为此而努力，经历了多次尝试和失败。现行的 EPC 虽然提供了欧洲专利申请人单一窗口的专利申请、审查及核准程序，但对于后续的专利权维护或移转（例如，年费缴纳或专利权转让登记），专利权人仍需依照指定国家的专利负责机关的规定办理。至于专利诉讼，专利权人仍需经由国家的司法程序进行办理。

1. 欧洲单一专利（Unitary Patent）

针对前述现行 EPC 制度的可能缺点，欧盟经由成员国签署的方式，希望能够建立起一种于各成员国领域内统一生效适用的欧洲单一专利，以提供专利申请人多一种选择（现行 EPC 专利仍然存在且可为申请人的选项之一）。目前为止，在欧盟的 27 个成员国中，共有 25 个成员国签署了此单一专利改革条款。在欧盟成员国中，西班牙及意大利因为在翻译语言的议题上未能够与其他成员国达成共识，因此尚未签署此单一专利协议。

2012 年 12 月 11 日，欧洲议会批准了《在创建单一专利保护领域实施强化合作》[（EU）No 1257/2012] 以及《关于适用翻译安排的在创建单一专利保护领域实施强化合作》[（EU）No 1260/2012] 两份条例草案，明确了单一专利保护和专利文本翻译相关问题。2013 年 1 月 20 日，上述两份条例正式生效，但其将延至 2014 年 1 月 1 日或在统一专利法院协议生效后施行，以时间在后者为准。2013 年 2 月 19 日，在欧盟竞争理事会会议上，除西班牙、波兰和保加利亚外，欧盟 27 个成员国中的 24 个就建立统一专利法院签署协议。这标志着欧盟在推进欧洲单一专利制度进程方面取得了又一重大进展，距离该专利制度最终正式实施仅一步之遥。值得注意的是，原本和西班牙意见一致的意大利此次并没有对文件签署提出异议，这意味着尽管意大利仍徘徊于单一专利制度外围，但其同意将当前体制下产生的有关授权专利的任何纠纷交由统一专利法院审理。2013 年 4 月 16 日，欧洲法院认定欧盟理事会在欧盟 25 国范围内启动“强化合作程序”的做法“可以接受”，这从根本上消除了创建欧洲单一专利制度和统一专利法院在法律程序上的顾虑和所有不确定因素，表明欧洲单一专利制度距离正式实施指日可待。而随着英国“脱欧”事件的影响，又为欧洲单一专利制度前途蒙上了一层阴影。

在新的单一专利制度中，专利的申请、审查、与核准仍然由欧洲专利局负责。待核准之后，专利申请人可以选择向欧洲专利局申请在每一个签署欧盟成员国内生效的单一专利。在单一专利制度中，参与的成员国将授权欧洲专利局行使以下职责。

（1）受理和审查要求具有统一效力的欧洲专利申请。

（2）登记具有统一效力的欧洲单一专利。

（3）在过渡期内出版专利翻译文本。

（4）建立并维护“单一专利保护登记机构”，其职责包括对单一专利的出让、转让、失效、许可、限制或废止等信息的管理。

（5）收取单一专利年费，并按比例将部分年费分配到参与成员国。根据欧盟成员国 2012 年 12 月 17 日签署的有关单一专利保护问题的条例，欧洲专利局将保留 50% 的专利年费，其余部分将依据相关规定，基于以下公平、公正、合理的原则分派到各成员国：①专利申请量；②市场规模，但同时亦要确保参与国的最低分派额；③对官方语言为非欧洲专利局官方语言、专利活动水平极低以及新近申请成为欧洲专利组织成员国的参与国予以一定量的补偿。

（6）管理费用减免机制——对部分采用欧盟其他官方语言（即英文、法文、德文之外的语言）提出申请的申请人减免翻译费用（最多可全免）。

此外欧洲专利局作出的与单一专利保护有关的决定可以上诉至统一专利法院。

对于官方语言的翻译部分，欧盟计划将提供免费在线计算机翻译程序（与 Google 合作）以供申请人准备相关专利文件的翻译，目前已经覆盖欧洲专利组织 38 个成员的全部 28 种官方语言，以及中文、日文、韩文和俄文。然而在专利权遇有争议或诉讼情况下，经法院或是被控侵权人的请求，专利权人仍需将专利文件以人工方式翻译成指定官方语言，而且相应的翻译费用由专利权人承担。在该自动翻译系统得到完善之前的过渡期（最长 12 年）内，若在欧洲专利局使用的程序语言是法文或德文，则还需要提供该欧洲专利说明书的完整英文翻译；若使用的程序语言是英文，则还需要翻译为另一种欧盟官方语言（注意此处为欧盟官方语言而非 EPO 官方语言）。

目前，单一专利制度的确切生效日期仍未确定。在欧盟成员国签署的版本中，单一专利制度的生效日期为下列时间中最晚的一个：①2014 年 1 月 1 日；或②经过 13 个签署成员国内认可程序（ratification）完成后的三个月后（而且这 13 个国家必须包含英国、法国及德国）。因为需要 13 个签署成员国内的认可及批准还需要相当长的时间，目前仍未有确切的实际生效时间。

根据现行的EPC体制，经由欧洲专利局授权的欧洲专利需要分别在指定国家生效，对应在指定国内的专利权无效也需要根据指定生效国家的相关法律来进行判定。如果同时就同一件欧洲专利在两个不同国家提出无效请求，有可能会得到两种不同的结果。

当专利申请人在考虑是否要选择单一专利制度时，申请人应深入分析其所欲保护区域的相关专利法律制度。表面上，单一专利似乎可以便利地提供较为宽广、便捷的保护而且费用也有所降低。然而，在专利无效的观点来看，一旦被宣告无效，其专利权在整个签署国范围内都将失去效力。专利申请人在享受申请便利的同时，也同时承担了可能被竞争对手“一枪毙命”的风险。简言之，单一专利具有“相同的效力，相同的寿命”。因此，申请人在考虑是否选用单一专利制度时，对于可能发生的区域性不一致的问题也应有所掌握。

2. 欧洲统一专利法院（Unified Patent Court）

如前所述，现行制度的EPC专利制度仅提供专利申请、审查及核准的单一窗口。而专利权诉讼仍由个别国家的司法系统负责审理。因此，若是专利诉讼同时在多个欧洲国家发生时，涉讼当事人必须负担相对较高的诉讼成本以及面临各国法院裁判不一致的可能性。

鉴此，除前述欧洲单一专利之外，欧盟也提出了建立欧洲统一专利法院（UPC）的改革方案。该改革方案需经由成员国签署并经由国内认可后方可生效。在2013年，就有25个欧盟成员国签署了统一专利法院的改革法案协议。西班牙及波兰未签署该统一专利法院协议。值得注意的是，未签署欧洲单一专利改革方案的意大利已签署了该统一专利法院协议。即便未来意大利不签署新的欧洲单一专利协议，待统一专利法院协议生效后，以意大利为指定国的欧洲专利的相关诉讼案件仍可受统一专利法院管辖。

已经签署的统一专利法院协议将设立一个专门法院（统一专利法院）来处理传统欧洲专利及将来的欧洲单一专利相关的诉讼事务。统一专利法院将包括一个一审法院、一个上诉法院以及一个注册处。一审法院将包括一个中央法庭（设于巴黎，中央法庭将于伦敦和慕尼黑设立两个分法庭）和若干位于各成员国的地方法庭和地区法庭。上诉法院将设于卢森堡。这一举措将极大地改善当前由各国国内法院和机构就欧洲专利的侵权及效力问题各自作出裁决的状况，其中中央庭主要负责专利权无效诉讼，地方庭和地区庭则主要负责专利侵权诉讼。

根据协议第 32 条第 1 款，欧洲统一专利法院的专属管辖范围包括：

（1）因专利和补充保护证书的实际或威胁迫近的侵权而提起的诉讼及相关辩护答辩，包括涉及许可的反诉；

（2）要求确认不侵犯专利及补充保护证书的诉讼；

（3）要求签发临时措施、保全措施和临时禁令的诉讼；

（4）要求宣告专利无效及宣告补充保护证书无效的诉讼；

（5）要求宣告专利无效及宣告补充保护证书无效的反诉；

（6）要求基于公开的欧洲专利申请所赋予的临时保护的损害赔偿或补偿的诉讼；

（7）与在专利授权前对发明的使用或与在先使用权相关的诉讼；

（8）要求根据欧盟第 1257/2012 号条例（有关单一专利保护）第 8 条支付许可费的诉讼；

（9）涉及欧洲专利局基于欧盟第 1257/2012 号条例（有关单一专利保护）第 9 条中所作出的决定的诉讼。

需要注意的是，欧洲专利公约组织的成员国除了所有欧盟成员国外，还有瑞士、土耳其等非欧盟成员国，而欧洲单一专利及统一专利法院仅对欧盟成员国开放。

同时，单一专利的司法权限管辖还具有相当的灵活性，即为保障专利权人的利益，单一专利权人可在 7 年过渡期（可延长 7 年）内，对继续保留或退出单一专利作出决定。例如制药企业，为了防止其某种药物的专利权因统一专利法院的裁决而在整个欧盟国家遭无效宣告或撤销，可选择退出单一专利保护制度，继而转寻欧洲专利或国家专利保护；在需要就某件专利提起诉讼的情况下，该制药企业又可选择再次回归单一专利保护制度。

由于对技术内容的了解在专利诉讼中扮演了相当重要的角色，因此统一专利法院协议计划以技术领域来决定一审法院的分案。2012 年 6 月 29 日，欧盟理事会对统一专利法院的选址事宜作出如下安排：一审法院中央法庭设于巴黎；涉及特定主题的专利案件将交由中央法庭设在伦敦和慕尼黑的分法庭集中处理，其中慕尼黑分法庭管辖机械工程领域的案件，伦敦分法庭管辖化学（包括医药）和人类生活必需品领域的案件；上诉法院设于卢森堡。同时，统一专利法院法官培训中心将设于布达佩斯，专利仲裁和调解中心设在里斯本和卢布尔雅那。

3. “一带一路”知识产权合作探索

2013 年 9 月和 10 月，中国国家主席习近平分别提出建设“新丝绸之路经济带”和“21 世纪海上丝绸之路”的合作倡议。依靠中国与有关国家既有的双多边机制，借助既有的、行之有效的区域合作平台。“一带一路”是“丝绸之路经济带”和“21 世纪海上丝绸之路”的简称，旨在借用古代丝绸之路的历史符号，高举和平发展的旗帜，积极发展与沿线国家的经济合作伙伴关系，共同打造政治互信、经济融合、文化包容的利益共同体、命运共同体和责任共同体。

随着“一带一路”倡议的不断深化推进，如何在扩大中国企业跨国经营的过程中保护知识产权、提高企业国际竞争力，成为中国政府和企业等需要共同面临的问题。在学术界，国内外近年来研究者主要关注各国跨国公司在如何在海外保护知识产权，还对各国尤其是发达国家的对外知识产权保护策略上进行研究。对我国企业海外知识产权的保护路径研究方面，张长立认为，政府应该鼓励企业在“一带一路”走出去的过程中积极申请知识产权，鼓励知识产权服务行业的发展应该协助企业申请知识产权，充分发挥知识产权在“一带一路”经济带建设中的作用；政府还应加强与其他国家政府和国际组织的知识产权合作，为相关企业提供信息以及其他保障；而在企业层面，应积极申请专利，以核心专利为中心，有针对性地向有开拓价值的海外市场申请知识产权，还应积极应对海外知识产权的侵犯。①

中国一直视东盟为周边外交优先方向和推进“一带一路”倡议的重点地区，但由于受到殖民统治，东南亚各国普遍于 20 世纪中叶才实现独立建国，知识产权制度也建立得比较晚，基于东南亚各国不同的经济与技术发

① 张长立. “一带一路”背景下中国海外知识产权保护路径研究［J］. 科学管理研究，2015，33（5）：5-9.

展水平，东南亚各国在知识产权制度构建上也存在着差异。目前，新加坡、泰国、马来西亚、菲律宾等东南亚国家均已经制定并实施了较为全面的知识产权法，柬埔寨、老挝、越南等国的知识产权制度还有较大的完善空间。

以柬埔寨为例，柬埔寨专利法宗旨在于：鼓励科学技术研究创新和开发；推动和鼓励国内外投资经营等商业活动；鼓励引进科技成果并协调其商业活动，以利于开展市场经济；保护专利所有权，打击不法商业活动，对所有侵权行为进行法律制裁。

柬埔寨政府对知识产权关注不多，专利在该国并未能引起足够的重视，虽然制定了专利法等相关知识产权法律，但至今还没有一项发明专利和实用新型专利的授权。柬埔寨也不是 PCT 和《马德里协定》的成员国，对外知识产权合作主要是与美国、日本和中国签订的双边贸易协定。

2018 年 3 月 29 日，中国国家知识产权局局长申长雨率团访问柬埔寨，与柬埔寨王国国务大臣兼工业及手工业部部长占蒲拉西举行了高级别会议。会后，申长雨与占蒲拉西共同签署了《中国国家知识产权局与柬埔寨王国工业及手工业部关于中国专利在柬生效的谅解备忘录》以及此次高级别会议会谈纪要。首批在柬登记生效的中国专利分别来自同方威视、清华大学、中兴通讯和华为公司，共计 20 件。中柬关于中国专利在柬登记生效谅解备忘录的签署以及登记生效工作的正式启动，为中国专利申请人在柬获权提供了“直通车”，这将有利于推动中国对柬投资的进一步增加，对两国的经贸发展和科技交流产生积极影响。中柬关于中国专利在柬生效极大促进了双方在知识产权领域的合作交流，是“一带一路”沿线国家在知识产权合作的有益探索。

除了在东南亚各国深耕知识产权合作外，我国也积极与“一带一路”沿线各区域国家积极开展知识产权合作的探索和尝试。2016 年 7 月 21 日至 22 日，“一带一路”知识产权高级别会议在中国北京举行，与会的各国知识产权机构共同展望了加强知识产权领域合作的愿景，形成《加强“一带一路”国家知识产权领域合作的共同倡议》。倡议中提到：沿线国家知识产权机构将积极探索在知识产权领域加强对话与合作的前景，并提出以下合作倡议：①加强知识产权法律法规、政策、战略方面的交流与合作；

②支持各国知识产权机构不断加强能力建设，为知识产权用户提供便捷高效、惠而不费的服务，帮助其更好地利用知识产权制度；③鼓励各国加强知识产权保护方面的务实合作；④支持各国在促进公众知识产权意识提升方面开展交流合作；⑤支持各国加强知识产权人才培养方面的合作；⑥鼓励各国加强知识产权信息的共享和利用。

2017 年 5 月 14 日，中国国家知识产权局局长申长雨与世界知识产权组织前总干事弗朗西斯·高锐共同签署了《中华人民共和国政府与世界知识产权组织加强"一带一路"知识产权合作协议》，这是中国政府与国际组织签署的首个有关"一带一路"知识产权合作的文件，将促进"一带一路"沿线国家和地区知识产权发展与合作。随着"一带一路"合作的不断深入，相信知识产权区域化合作也会涌现出新的成果，共同促进"一带一路"沿线国家科技创新和经济进步。

四、全球化合作阶段

（一）PCT

《巴黎公约》为发明人在外国寻求专利保护提供了可能性。随着专利制度的发展和完善，申请人希望其发明能够在多个国家得到保护，这样申请人就需要分别向各个国家提出专利申请，而各国的专利局也需要就同一发明进行重复性审查，这无疑会耗费申请人和专利局审查员的时间与资源，给申请人及各国专利局的审查员带来了许多重复工作。1966 年工业产权巴黎联盟提请保护知识产权联合国际局（BIRPI，即世界知识产权组织的前身）研究就同一发明向多国提出申请的情况下如何减少申请人和各国专利局重复劳动的问题。经 BIRPI 拟定草案，多次专家会议讨论、修改，1970 年 6 月在华盛顿举行的外交会议上签订了 PCT。PCT 于 1978 年 1 月正式生效。

PCT 是在《巴黎公约》之下，仅对《巴黎公约》成员国有效的协议。参加条约的国家组成联盟，称为国际专利合作联盟。成员国组成联盟，对保护发明的申请的提出、检索和审查进行合作。

PCT的主要目标是建立国际申请的体系：使用一种语言、向一个专利局（受理局）提交一份申请（国际申请）；该申请自国际申请日起在所指定的国家中具有正规国家申请的效力；由一个局（受理局）完成形式审查；由一个局（国际检索单位）进行检索；由国际局完成国际公布；如果申请人要求，由一个局（国际初步审查单位）进行国际初步审查（关于专利性的初步审查）。

1. 与传统的《巴黎公约》途径比较

传统申请体系下，申请人在12个月优先权期限内完成准备工作、分别向各国提出申请。PCT向申请人提供了一条新的向国外申请专利的途径，即PCT申请体系。PCT申请程序通常被分为两个阶段，第一阶段是PCT申请程序的“国际阶段”，它包括国际申请的提交、形式审查、国际检索和国际公布；如果申请人要求，国际阶段还要包括国际初步审查（发明的专利性的审查）。由于一件国际申请的上述程序分别由一个特定的专利局代表申请中指定的所有国家统一完成，并且依据统一标准，具有明显的国际化的特征，称为“国际阶段”程序。第二阶段是PCT申请程序的“国家阶段”，主要指授权程序。在国际阶段程序完成之后，申请人必须按照各指定国的规定，履行进入国家阶段的行为，从而启动国家阶段的程序。PCT没有关于对“国际申请”授权的规定，是否授予专利权的决定仍由申请中指定寻求保护的各个国家（或地区组织）的专利局独立完成，对发明的专利性的最终判断应依据各国（或地区组织）的专利法的规定，授予的专利权是在各国有效的国家专利（或地区专利）。这一阶段仍旧保留传统申请程序的特征，称为“国家阶段”程序。

2. 利用PCT申请途径的好处

申请人根据PCT申请程序的要求，可以从以下几个方面获益。

（1）简化提出申请的手续，及时获得在各指定国均为有效的国际申请日。

（2）推迟决策的时间。PCT申请的申请人可以在申请提出之后的一年半（甚至更长的时间）里进行思考，直到自优先权日起三十个月届满前再确定需要进入其国家阶段程序的指定国的名单。

（3）准确地投入资金。国家阶段的花费比起国际阶段的花费要多得多，是申请过程中的主要投入。PCT 申请程序可以使大量资金的投入推迟到最后阶段，使其更为准确，减少盲目性，从某种意义上说也是经费上的节省。

（4）完善申请文件。在 PCT 申请程序的国际阶段有多次修改申请文件的机会，特别是在国际初步审查过程中，申请人可以在审查员的指导下进行修改，使申请文件更为完善。

（5）减轻成员国国家局的负担。可以参考利用国际阶段的检索和初步审查结果，减少了重复性的审查工作。

（6）有益于技术传播。由于国际申请和国际检索报告一起公布，这对于希望获得最新技术信息的企业和有关第三人来说，也是有益的。

PCT 于 1970 年缔结，于 1979 年、1984 年、2001 年修改，实施细则经过四十一次修改，到目前已有 153 个成员国。根据世界知识产权组织的统计，在 1978 年按照 PCT 成员国提出的国际申请只有 459 件，而发展至今日，仅 2020 年一年就受理了 27.59 万件国际申请。近年来，美国、日本、韩国、欧洲专利局等国家和组织纷纷提出关于 PCT 的改革方案，目的在于进一步加强在专利领域中国际合作的力度，向国际化的方向发展，进一步减少在专利申请、专利审批中的重复劳动，从而减轻申请人和各国专利局的负担。

我国于 1994 年 1 月 1 日正式成为 PCT 缔约国。从该日起中国国家知识产权局成为 PCT 受理局，接受我国国民和居民提出的国际申请，同时中国国家知识产权局还被指定为国际检索单位和国际初步审查单位；从同一日起，申请人在国际申请中可以指定中国，中国国家知识产权局作为 PCT 的指定局。

2018 年，根据 WIPO 发布的报告，我国申请人共提交了 53 345 件 PCT 申请，仅次于美国（56 142 件）。2019 年，我国提交的 PCT 申请量为 58 990件，超过美国（57 840 件）跃升至世界第一位。

2019 年，中国的华为技术有限公司以 4 411 件 PCT 国际专利申请排名第一，位居其后的是日本三菱电机株式会社（2 661 件）、韩国三星电子（2 334 件）、美国高通公司（2 127 件）和中国广东欧珀移动通信有限公司（1 927 件），排名前十的企业申请人中包括四家中国企业。在教育机构中，加利福尼亚大学是2019年PCT体系最大的用户，提交了470件PCT国际申请，并且自1993年起就蝉联这一领跑地位。清华大学（265件）位列第二，之后是深圳大学（247件）、麻省理工学院（230件）、华南理工大学（164件）。上榜的前十所高校中，有五所来自美国，四所来自中国，一所来自韩国。

（二）专利审查高速路

2005年11月美国专利商标局和日本特许厅决定开展“专利审查高速路”项目，其最初目的是鼓励专利申请人利用在先的专利检索报告和审查结果，在两局合作框架协议下，让申请人更快、更有效地获得专利授权。2006年11月，美国专利商标局和日本特许厅正式开启“专利审查高速路”（以下简称“PPH”）项目，试行期为一年。自此，PPH项目正式步入大众视线。PPH指当在首次申请受理局（OFF）提交的专利申请中所包含的至少一项或多项权利要求被确定具有可授权前景时，申请人可就相应申请向二次申请受理局（OSF）提出加速审查请求。二次申请受理局利用首次申请受理局的检索和审查结果，缩短专利审查周期。

PPH项目通常适用于开展项目的专利审查机构之间，针对按照《巴黎公约》提交的享有优先权的专利申请，导致PCT申请无法在该项目中受益，限制了PPH的适用范围。2010年1月，美国专利商标局、日本特许厅和欧洲专利局决定开展为期两年的PCT－PPH试行项目。因此，PPH项目进一步扩展至PCT申请（PCT－PPH），即申请人可基于国际检索单位和国际初步审查单位出具的可专利性书面意见，向二次申请受理局提出加速审查请求。

根据欧洲专利局、日本特许厅、韩国特许厅、中国国家知识产权局和美国专利商标局2013年9月在瑞士日内瓦就2014年1月启动一项全面的五局（IP5）PPH试点达成的一致意见，五局PPH试点于2014年1月6日启动，为期三年。2014年1月6日，由17个国家和地区知识产权局参与的“全球专利审查高速路”（以下简称“GPPH”）项目开始试行。根据该项目，若任一参与局经审查确定专利申请具有授权前景，申请人即可向其他参与局请求加速审查。使用统一的资格审查要求，简化和改进现有PPH

项目，更加方便申请人使用。

GPPH 作为参与局之间的多边合作项目，只要参与该项目，就将等同于与所有参与国签署 PPH 合作，无须再与目标国家单独展开磋商。由于设立了统一的资格适用标准，因此对于希望一次在多个国家获得专利的企业和个人来说，申请将更加便捷。GPPH 旨在增加 PPH 项目对申请人的吸引力，进一步提升各局的联合工作效率，适用于 PCT 申请和扩展至 PCT 申请的 PCT－PPH 项目，和现行的双边 PPH 项目并存。

PPH 项目旨在通过各专利局充分共享利用检索审查结果的基础上，减少重复性工作、缩短审查周期，使申请人快速有效获得专利权。相比所有申请，PPH 案件的授权率显著提高，从提出 PPH 请求至发出“一通”时间缩短，提交请求至结案时间仅为数月，同时平均发出通知书的次数大为减少。

PPH 主要具有下面四个显著特点。

（1）提高审查效率。

专利案件积压成为世界大多数专利审查机构面临的严峻问题，美日欧中韩五局几乎占据全球专利申请量的 80%。接近 1/3 的专利申请在两个以上的专利机构提交过申请。鉴于此种情况，根据 PPH 项目的规定，二次申请提交局直接利用首次申请提交局的检索报告和审查结论，从而很大程度地避免重复性的工作。PPH 案件和 PCT－PPH 案件自提出请求至“一通”和结案的平均周期均大幅缩短。以韩国为例，对于韩国特许厅作为二次申请受理局的 PPH 案件，从提出 PPH 请求到“一通”的平均周期仅为 2.52 个月，而所有申请发出“一通”的周期长达 13.2 个月；自提交 PPH 请求至结案周期仅为 4.89 个月，而所有申请的结案周期长达 19.1 个月。日本特许厅作为首次申请受理局的 PCT－PPH 的案件，提出 PCT－PPH 请求至“一通”周期仅为 4.1 个月，而所有案件的“一通”周期为 13 个月；自提交 PCT－PPH 请求至结案周期为 4.1 个月，而所有申请结案周期长达 22 个月。可见，PPH 项目的实行对缩短专利审查周期、解决专利积压问题具有巨大效应。

（2）提高审查质量。

通过 PPH 项目的开展能够减少各专利审查机构的重复劳动，减轻审查负担，同时也提高了专利审查质量。美国专利商标局曾对 PPH 案件进行分析，其选取 155 件一次性授权作为样本。其中，98% 的案件进行了新的检索，84% 的案件检索报告增加了额外的引用文献，近 40% 的案件审查员作出修改和/或与申请人进行面谈。通过分析说明，PPH 案件在质量方面具有一定优势，持续的审查过程带来了高质量稳固的专利权。

（3）减少申请人费用支出。

PPH 项目缩短审查周期的同时，也有助于申请人节省费用支出。一方面，PPH 项目申请人可免于向各专利机构重复提交文件，减免了相关手续费用。同时，数据分析显示 PPH 案件通知书次数大为削减。以美国专利商标局为例，对于 PPH 案件，常规 PPH 案件平均通知书次数为 2. 3 次，PCT－PPH 案件平均通知书次数为 1. 6 次，而全部案卷的通知书平均次数为 2. 6 次。通过减少答复审查意见通知书的次数，PPH 项目可以很大程度节约申请过程中的成本，避免高昂的代理费用和翻译费用。因此，申请人应充分认识到 PPH 项目的优势以及各国专利机构在 PPH 项目试行阶段的优惠措施，促使专利申请快速高效获得专利权。

（4）有助于申请人获得专利权。

通过 PPH 项目提交的专利申请不仅审查周期大幅缩短，授权率也大大提高，更有助于申请人获得专利权。以美国专利商标局数据为例，PPH 案件的授权率为 87. 9%，而所有案件的授权率为 53%。日本特许厅统计数据显示，PCT－PPH 案件授权率高达 94%，而所有案件的授权率为 71%。此外，PPH 和 PCT－PPH 案件不仅授权率高于所有案件，一通授权率更是有显著提高。韩国特许厅的数据显示，PPH 案件的一通授权率高达 48. 8%，（不含 PCT－PPH 案件），而所有案件的一通授权率仅仅为 10. 5%。日本特许厅统计数据显示，PPH 案件的一通授权率为 63%，相比所有案件一通授权率仅为 16% 有了大幅度提高。

第三节 中国知识产权保护的途径

我们都知道，现代知识产权制度起源于西方，目前西方大部分国家对本国知识产权一般从司法的角度进行保护。自从知识产权概念传入我国，基于中国的特殊国情，为了进一步加强知识产权的保护，我国建立了具有中国特色的知识产权保护体制。一方面，我国通过司法机关进行知识产权审判的方式对知识产权进行司法保护；另一方面，我国具有知识产权管理行政职能的行政机关，通过行政执法的方式对知识产权进行行政保护。这两种知识产权保护方式在我国共同存在，互相补充、互相配合，形成了我国特有的知识产权保护体制。

一、司法保护

司法保护，一般是指权利人通过向法院提起民事诉讼、刑事诉讼或者行政诉讼的方式，利用司法途径来保护知识产权。司法保护的主体是国家司法机关，依据法律对知识产权违法行为进行惩罚，保护权利人的合法权益。司法保护作为知识产权保护的核心手段，具有以下鲜明特征①。

（1）终极性。司法保护是解决知识产权保护问题的终极手段，具有强有力的法律效力。譬如我国是行政保护和司法保护的双轨制，对于知识产权保护，当事人既可选择司法保护也可以选择行政保护，但当事人如果对于行政保护的处理结果不服，依然可以寻求后续的司法救济，通过司法保护的途径来解决。司法保护的终极性能从根本上解决知识产权缺乏保护的问题。

（2）全面性。通过民法、刑法、行政法等多重法律保护知识产权，既

① 薛孟超．知识产权行政保护和司法保护“双轨制”的协调［D］．长春：吉林大学，2018：8.

可以保护知识产权所有人的合法权利，肯定其拥有的合法权益并使其获得赔偿，也能制裁侵权人与违法者，对整个社会的知识产权保护具有导向作用。

（3）中立性。司法是社会公平正义的最后一道防线，司法保护具有中立特点，具有公平性。这是司法保护最大优势之一。通过在司法程序中进行细致、全面的审查，通过双方举证和法院审判，即便是对于专利等涉及相对复杂技术方案的知识产权，司法审判还会借助技术调查官制度，通过技术调查或者技术咨询等手段了解侵权产品和专利技术方案之间的区别点，能够作出较为公正的审判结果，以确保司法保护的公平公正性。

二、行政保护

所谓知识产权的行政保护，是指知识产权行政管理机关，如国家知识产权局、国家版权局等，根据相关法律规定，运用法定行政权力并遵循法定行政程序，通过行政手段对知识产权实施全面的法律保护。在知识产权行政保护方面，世界各国都是由知识产权行政管理机关对权利人的知识产权予以法律上的确认，并对权利归属纠纷进行审查。在我国，由于历史以及社会因素，国家行政管理机关除了对知识产权予以法律上的确认之外，还依法运用行政调处、行政裁决、行政处罚等行政执法手段对知识产权进行全面的法律保护。发达国家的知识产权保护主要采取司法途径，其行政保护主要指海关的边境执法措施，以及贸易委员会对其他国家和地区的盗版在双边贸易中进行经济制裁等，一般没有类似我国行政机关对侵权行为的罚款、责令停止侵权、查封等行政权力。

通过对司法保护和行政保护进行比较，可以更加明确知识产权行政保护有以下特点①。

第一，行政保护与司法保护的根本性质不同。知识产权的行政保护不以被侵权人的请求为必要，一旦发现有违法侵权之现象就主动出击，以维护正常的知识产权使用秩序；而知识产权的司法保护则以权利人的请求为

---

① 刘胜芝．我国知识产权行政保护制度研究［D］．北京：中国政法大学，2007：3－4．

必要，遵循“不告不理”的原则，以避免侵入公民自治的空间。司法保护这种消极的保护方式，让许多侵权人有机可乘，因为知识产权的使用与传播是没有地域限制的，权利人也不可能拥有足够的时间和精力关注不同市场上是否有侵犯自己知识产权的行为存在，这就导致一部分权利人可能对自己知识产权被侵犯毫不知情的现象发生；而行政保护则可以基于法律赋予的职权主动出击，使权利人所受损害降到最低。

造成二者上述差异的根本原因是行政权力与司法权力的不同属性。行政权力具有主动性，而司法权力则具有中立性。现实生活中，在一些司法保护无能为力的情况下，行政保护的优势便尽显无遗。

第二，行政保护与司法保护的价值取向不同。行政保护追求的是效率，它的措施比较直接、迅速，程序相对简单，因而能够及时地惩治侵权人，保护权利人的利益，维护正常的社会经济秩序。当然，某些情况下，行政保护由于缺乏程序的保障，执行中有时会有一些弊端。因此，有学者呼吁我国应尽快出台行政程序法。知识产权司法保护的终极理想是做到公正，其必须遵循严格的程序，当然严格的程序的不足之处就是可能会缺乏效率。

第三，行政保护与司法保护的法律依据不同。行政保护除了依据《专利法》《商标法》《著作权法》《中华人民共和国反不正当竞争法》等相关知识产权法律规范以外，《中华人民共和国行政处罚法》、相关工商行政管理法规等也是其执法的法律依据，而司法保护除了依据相关知识产权法律、行政法规及规章之外，更多的是遵循《中华人民共和国民法典》的相关原则来进行判决，赔偿权利人的损失。

第四，采取的措施手段不同。行政保护可以采取责令停止侵权、责令赔偿损失和没收侵权工具、罚款等措施，专利侵权行政处理中的专利权人只能通过作出专利侵权纠纷处理决定的地方知识产权局向人民法院申请强制执行已经生效的处理决定，但是民事诉讼当事人则可以直接向人民法院请求强制执行生效的判决。《中华人民共和国行政诉讼法》规定，具体行政行为在诉讼期间一般不停止执行。司法保护的措施主要有判令停止侵权、赔偿损失、赔礼道歉等。因为司法保护主要根据民法的损害填补原则进行判决，所以并没有行政保护中的罚款那样的惩罚性措施。如果仅从侵权人最终承担的经济责任来看，行政保护中侵权人的责任更大，因为侵权人除了要赔偿权利人的损失，还要向国家缴纳罚款。当然，我们不应忽略这样一个事实：侵权人的财力不是无限的，有些情况下经过行政处罚之后，侵权人没有足够的财力赔偿权利人的损失。毋庸置疑，知识产权的行政保护是一种主动、高效、强有力的保护措施，我国采取的行政保护与司法保护相结合的保护模式，避免了司法保护消极被动、效率低下的弱点，并在二者之间找到了适度的平衡。

三、海关保护

除了我们常说的知识产权行政保护和司法保护之外，我国还有知识产权海关保护。严格意义上来讲，知识产权海关保护实质上也是行政保护的一个方面。知识产权海关保护是知识产权行政保护在货物进出口环节的体现，是对于进出口货物相关并受中国法律保护的商标专用权、专利权、著作权和与著作权有关的权利等知识产权采取的保护措施。知识产权海关保护主要有两种启动方式：一是依知识产权权利人的申请启动保护措施；二是中国海关依职权启动保护措施。法律依据主要包括《中华人民共和国海关法》《中华人民共和国知识产权海关保护条例》和《中华人民共和国海关行政处罚实施条例》等。

依申请保护，是指知识产权权利人发现侵权嫌疑货物即将进出口时，向海关提出保护措施的申请，由海关对侵权嫌疑货物实施扣留的措施。由于海关对依申请扣留侵权嫌疑货物不进行调查，相关权利人需要向人民法院进行起诉，待法院判决确定侵权后，海关再作出处罚决定，因此称之为海关对知识产权的“被动保护”模式。依职权保护，是指海关在监管过程中发现进出口货物有侵犯在海关总署备案的知识产权的嫌疑时，主动中止货物通关程序并通知相关权利人，并根据权利人的申请对侵权嫌疑货物实施扣留的措施。① 由于海关依职权扣留侵权嫌疑货物属于主动制止侵权货

① 陈际红，王桂香. 专利运营实战解码丛书：专利保护［M］. 北京：知识产权出版社，2018：19.

物进出口，而且海关还有权对货物进行侵权判断并对有关侵权当事人进行处罚，因此称之为海关对知识产权的“主动保护”模式。这两种保护模式的主要区别有以下几点。

（1）依申请保护的请求主体为权利人，依职权保护的启动主体为海关。

（2）依申请保护的权利人无须事先备案其知识产权，依职权保护则需要事先向海关总署备案。

（3）依申请保护，申请人需提供相当于侵权嫌疑货物价值的担保，用于赔偿可能因为申请不当给收货人、发货人造成的损失，以及支付货物由海关扣留后的仓储、保管和处置等费用；依职权保护，权利人在海关书面通知送达之日起 3 个工作日内提出扣留侵权嫌疑货物的申请，担保金额与货物价值挂钩，一般最高不超过 10 万元。

第二章

中国知识产权的源头保护

如前所述，我国于 2019 年 11 月印发《关于强化知识产权保护的意见》，作为首个中共中央办公厅和国务院办公厅印发的关于知识产权保护工作的文件，其中提到要出台侵权惩罚性赔偿制度，建立联合失信惩戒机制，构建“严保护、大保护、快保护、同保护”的知识产权保护工作格局，这些都是我们国家在知识产权保护方面所做出的巨大努力。而我们常说的专利权、商标权、地理标志或者著作权等，这些权利构成了知识产权保护的基础，否则知识产权保护就无从谈起，就是无源之水与无本之木。下文将对主要几类知识产权的获权途径和流程进行介绍。

第一节　专利权的获得

根据《专利法》的规定，我国专利权包括发明专利权、实用新型专利权和外观设计专利权三种类型，《专利法》第 2 条对这三种发明创造给出了具体的定义。《专利法》同时规定了三种专利，这在制定《专利法》之初被誉为我国的一项创举，特别是其中规定的实用新型专利制度，有效地适应了我国科技发展和社会创新的实际情况，至今仍发挥着重要的作用。这三种专利权的审批中，实用新型专利权和外观设计专利权都是无须经过实质审查阶段就可授权，这是与发明专利权的审批程序最大的区别。

一、专利申请流程

发明、实用新型和外观设计专利的申请审查流程如图 2－1 所示。

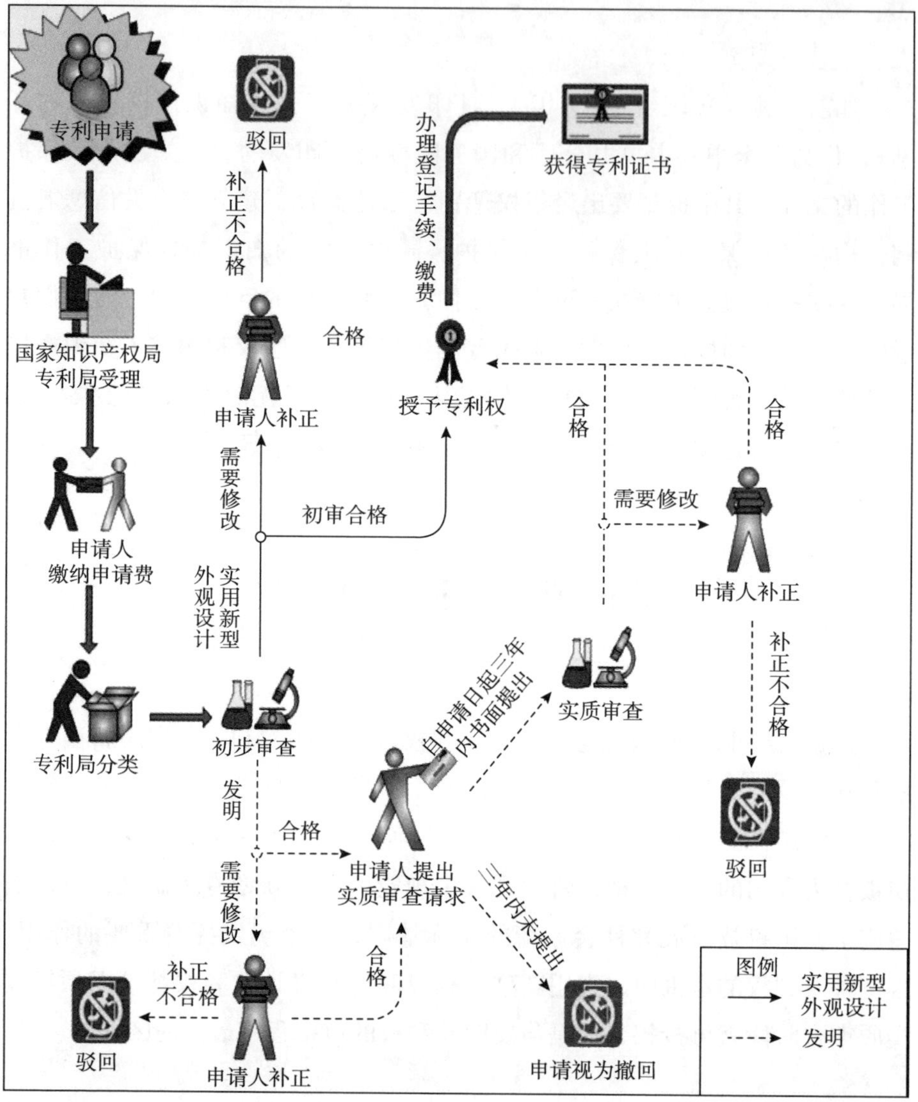

图 2-1 专利申请审查流程

从图 2-1 中我们可以明显看出发明专利申请和实用新型/外观设计专利申请的明显区别，即发明专利申请需要经过实质审查阶段。发明专利申请审批流程需要经过下面几个环节：专利申请—受理—初步审查—公开—实质审查—授权/驳回/视为撤回。实用新型专利申请/外观设计专利申请审批流程：专利申请—受理—初步审查—授权/驳回。

二、申请文件的准备

根据《专利法》的要求，申请专利需要提交以下文件。

（1）请求书：包括发明专利的名称，发明人的姓名，申请人的姓名和名称、地址等。

（2）说明书：包括发明专利的名称、所属技术领域、背景技术、发明内容、附图说明（如果有附图）和具体实施方式。说明书内容的撰写应当详尽，所述的技术内容应以所属技术领域的普通技术人员阅读后能予以实现为准。

（3）权利要求书：说明发明的技术特征，清楚、简要地表述请求保护的内容。

（4）说明书附图：发明专利常有附图，如果仅用文字就足以清楚、完整地描述技术方案的，可以没有附图。

实用新型是对产品的形状、构造或者其结合所提出的适于实用的新的技术方案，因此提交的实用新型专利申请文件一定包括说明书附图，这是实用新型专利申请和发明专利申请的最主要区别，其余文件和申请发明专利要求相同。

外观设计专利需要提交以下文件。

（1）请求书：包括外观设计专利的名称，设计人的姓名，申请人的姓名、名称、地址等。

（2）外观设计图片或照片：至少两套图片或照片（前视图、后视图、俯视图、仰视图、左视图、右视图，如果必要还应提供立体图），相当于发明或者实用新型的权利要求书。

（3）外观设计简要说明：必要时应提交外观设计简要说明。

三、流程事务处理

发明专利（除一些需要保密的发明申请专利外）一般需要经过受理、初步审查、公布、实质审查和授权公告这些阶段。一般情况下，自申请之日起18个月会进行公布，然后进入实质阶段，一般情况2年左右才能获得授权，但不排除更长的时间。为了缩短获得专利权的期限，可以申请提前公开。这样在初步审查合格后，即进行公布，然后进入实审阶段，从而加快审查进度。有些特殊情况例如《专利优先审查管理办法》中规定的几种情形，可以提出加快审查请求。实用新型和外观设计由于不需要进行实质审查，因此，获得授权的时间较短，一般为6～10个月。

（一）受理

如果符合受理条件，国家知识产权局将确定申请日，给予申请号。并且核实过文件清单后，发出受理通知书，通知申请人。

（二）初步审查

经受理后的专利申请按照规定缴纳申请费的，自动进入初步审查阶段。初步审查前发明专利申请首先要进行保密审查，需要保密的，按保密程序处理。

在初步审查时要对申请是否存在明显缺陷进行审查，主要包括：审查内容是否属于《专利法》中不授予专利权的客体，是否明显缺乏技术内容不能构成技术方案，是否缺乏单一性，申请文件是否齐备及格式是否符合要求。若是外国申请人，还要进行资格审查及申请手续审查。不合格的，专利局将通知申请人在规定的期限内补正或陈述意见，逾期不答复的，申请将被视为撤回。经答复仍未消除缺陷的，予以驳回。发明专利申请初步审查合格的，发出初步审查合格通知书。

对实用新型专利和外观设计专利申请，除进行上述审查外，还要审查是否明显与已有专利相同，是否为新的技术方案或者新的设计，经初审未发现驳回理由的直接进入授权程序。

（三）公布

发明专利申请从发出初审合格通知书起进入公布阶段，如果申请人没有提出提前公开的请求，要等到自申请日起满18个月，即行公布。如果申请人请求提前公开的，国家知识产权局可以根据申请人的请求早日公布其申请。申请公布以后，申请人就获得了临时保护的权利。实用新型专利和外观设计专利申请没有授权前的公布阶段。

（四）实质审查

发明专利申请公布以后，如果申请人已经提出实质审查请求并已生效的，申请人进入实质审查程序。如果申请人从申请日起满 3 年还未提出实质审查请求，或者实审请求未生效的，申请即被视为撤回。

在实质审查期间，将对发明专利申请是否具有新颖性、创造性、实用性以及《专利法》规定的其他实质性条件进行全面审查。经审查认为不符合授权条件的或者存在各种缺陷的，将通知申请人在规定的时间内陈述意见或进行修改。逾期不答复的，申请被视为撤回；经多次答复，申请仍不符合要求的，予以驳回。

（五）办理专利权登记手续

实用新型专利和外观设计专利申请经初审，发明专利申请经实审，未发现驳回理由的，国家知识产权局将发出授权通知书和办理登记手续通知书。申请人接到授权通知书和办理登记手续通知书以后，应当按照通知的要求在 2 个月之内办理登记手续并缴纳规定的费用。在规定期限内办理了登记手续并缴纳了规定费用的，国家知识产权局将授予专利权，颁发专利证书，在专利登记簿上记录，并在专利公报上公告。专利权自公告之日起生效。未在规定的期限内按规定办理登记手续的，视为放弃取得专利权的权利。

办理登记手续时，不必再提交任何文件，申请人只需按规定缴纳专利登记费、公告印刷费、授权当年的年费、印花税。专利申请被授予专利权后，专利权人应于每一年度期满前一个月预缴下一年度的年费。

（六）复审

专利复审程序是专利申请被驳回时，给予申请人的救济途径。根据《专利法》第 41 条的规定，国务院专利行政部门即国家知识产权局对复审请求进行受理和审查，并作出决定。复审请求案件包括对初步审查和实质审查程序中驳回专利申请的决定不服而请求复审的案件。只有专利申请人才有权启动专利复审程序，而且必须在收到驳回通知3个月内向国家知识产权局提出。

（七）专利权的无效

根据《专利法》第45条的规定，自国务院专利行政部门公告授予专利权之日起，任何单位或者个人认为该专利权的授予不符合该法有关规定的，可以请求国务院专利行政部门宣告该专利权无效。

专利权宣告无效的法律后果是被宣告无效的专利权视为自始即不存在。宣告专利权无效的决定，对在宣告专利权无效以前人民法院作出并已经执行的专利侵权的判决、裁定，已经履行或强制执行的专利侵权纠纷处理决定，以及已经履行的专利实施许可合同和专利权转让合同，不具有追溯力。但是因专利权人的恶意给他人造成的损失，应当给予赔偿。

（八）专利申请文件的修改

对于申请文件的修改，普遍认为基于以下两个因素：①考虑到申请人在申请专利时对现有技术和发明创造性的认知的局限性；②申请人在撰写申请文件时，将技术构思体现为具体技术方案时语言表达有局限性。因此，申请文件中难免会存在这样或那样的瑕疵或错误之处，对这些问题，都需要在审查过程中进行修正。所以《专利法》第33条明确赋予了申请人修改申请文件的机会。通过修改提高专利申请文件的准确性，有利于传播专利信息，便于公众理解和运用发明创造，促进发明创造成功地运用和传播。

对于申请文件的修改又分为申请人的主动修改和针对审查意见通知书指出缺陷的修改两种情况，其中对专利申请文件的主动修改是申请人可以视需要选择的一项手续。实用新型专利和外观设计专利申请，只允许在申请日起两个月内提出主动修改；发明专利申请只允许在提出实审请求时和收到国家知识产权局发出的发明专利申请进入实审阶段通知书之日起3个月内对专利申请文件进行主动修改。

（九）答复国家知识产权局的各种通知书

（1）遵守答复期限。逾期答复和不答复的后果是一样的。针对审查意见通知书指出的问题，分类逐条答复。答复可以针对审查意见办理补正或者对申请进行修改；不同意审查员意见的，应陈述意见及理由。

（2）形式或者手续方面的缺陷，一般可以通过补正消除；明显实质性缺陷一般难以通过补正或者修改消除，多数情况下只能就是否存在或属于明显实质性缺陷进行申辩和陈述意见。

（3）对发明或者实用新型专利申请的补正或者修改均不得超出原说明书和权利要求书记载的范围，对外观设计专利申请的修改不得超出原图片或者照片表示的范围。修改文件应当按照规定格式提交替换页。

（4）答复应当按照规定的格式提交文件，如提交补正书或意见陈述书。一般补正形式问题或手续方面的问题使用补正书，修改申请的实质内容使用意见陈述书；申请人不同意审查员意见，进行申辩时使用意见陈述书。

（十）专利申请被视为撤回及其恢复

逾期未办理规定手续的，申请将被视为撤回，国家知识产权局将发出视为撤回通知书。申请人如有正当理由，可以在收到视为撤回通知书之日起两个月内，向国家知识产权局请求恢复权利，并说明理由。请求恢复权利的，应当提交“恢复权利请求书”，说明耽误期限的正当理由，缴纳恢复费，同时补办未完成的各种应当办理的手续。补办手续及补缴费用一般应当在上述两个月内完成。

（十一）专利权的终止

专利权的终止根据其终止的原因可分为以下几种。

（1）期限届满终止：发明专利权自申请日起算维持满 20 年，实用新型专利权自申请日起算维持满 10 年，外观设计专利权自申请日起算维持满 10 年［2021 年 5 月 31 日（含该日）之前申请］或 15 年［2021 年 6 月 1 日（含该日）之后申请］，依法终止。

（2）未缴费终止：国家知识产权局发出缴费通知书，通知申请人缴纳年费及滞纳金后，申请人仍未缴纳或缴足年费及滞纳金的，专利权自上一年度期满之日起终止。

（3）因专利权人放弃专利权而终止。授予专利权后，专利权人随时可以通过提交放弃专利权声明来主动要求放弃专利权。审查员针对放弃专利权声明发出的手续合格通知书的发文日为生效日，放弃的专利权自该日起终止。

第二节　商标权的获得

一、办理依据及简要说明

依据《商标法》第 4 条的规定，自然人、法人或者其他组织在生产经营活动中，对其商品或者服务需要取得商标专用权的，应当向国家知识产权局申请商标注册。《商标注册用商品和服务国际分类尼斯协定》将商品和服务划分为 45 个类别，其中商品 34 个类别、服务 11 个类别。指定使用在商品上的商标为商品商标，指定使用在服务上的商标为服务商标。

二、办理途径

申请人可自行通过网上服务系统在线提交商标注册申请。面交商标注册申请可以去下述地点：①国家知识产权局商标局商标注册大厅；②国家知识产权局商标局委托地方市场监管部门或知识产权部门设立的商标受理窗口；③国家知识产权局商标局在京外设立的商标审查协作中心（目前已经设立了 5 个商标审查协作中心，分别位于广州、上海、重庆、济南和郑州）；④国家知识产权局商标局驻中关村国家自主创新示范区办事处。

三、办理流程

申请人直接通过网上服务系统办理的，须登录网上服务系统，选择“商标注册申请”，在线填写、提交申请书，在线缴纳商标规费。申请人提交商标注册申请后，国家知识产权对会对申请件进行审查。商标注册流程如图 2－2 所示。

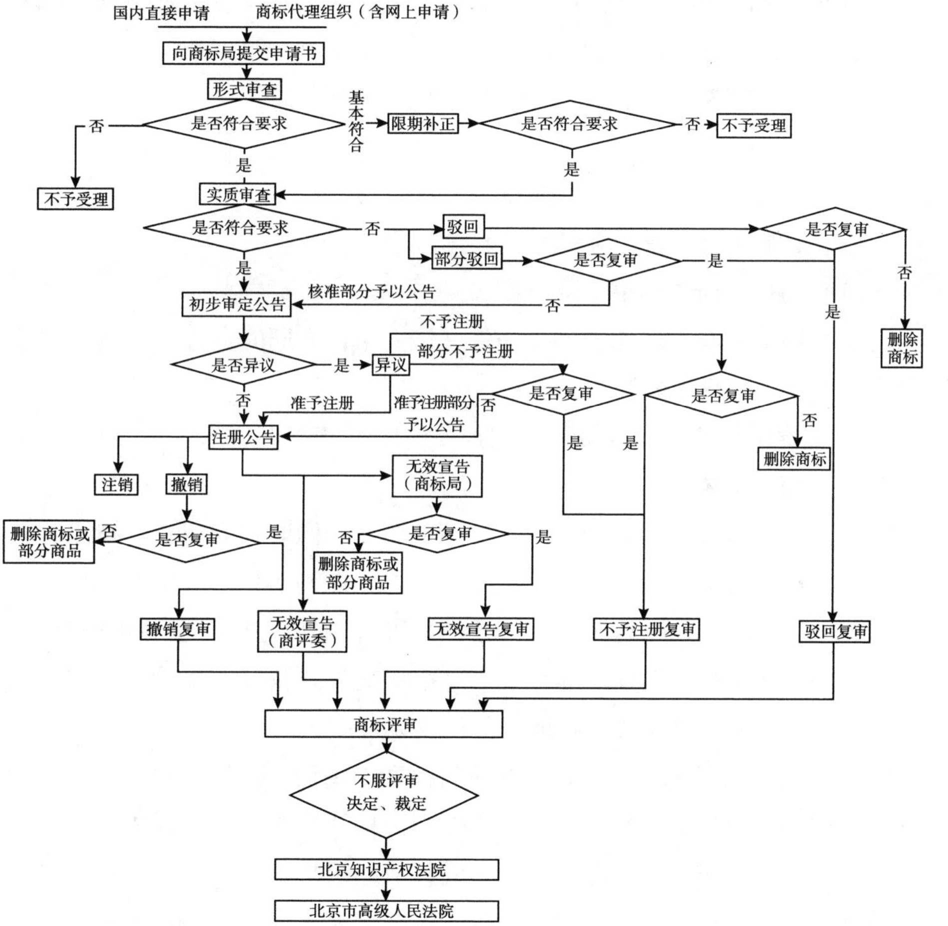

图 2－2　商标注册流程

申请人在商标注册大厅自行办理的，可以按照以下步骤办理：商标注册申请前查询（非必需程序）—准备申请书件—在受理窗口提交申请书件—在打码窗口确认提交申请—在缴费窗口缴纳商标注册规费—领取规费收据。申请人到商标受理窗口办理的，应通过网上申请方式提交申请材料。此外，申请人也可以委托商标代理机构办理。

（一）申请前的查询

如果商标注册申请被驳回，申请人一方面损失商标注册费，另一方面重新申请注册商标还需要时间，而且再次申请能否被核准注册仍然处于未知状态。因此，申请人在申请注册商标之前最好进行商标查询，了解在先权利情况，根据查询结果作出判断以后再提交申请书。

（二）商标注册申请手续

办理商标注册申请，应当提交下列文件：

（1）商标注册申请书。

（2）申请人身份证明文件复印件（同一申请人同时办理多件商标的注册申请事宜时，只需要提供一份）。

（3）委托商标代理机构办理注册申请的，应当提交商标代理委托书。

（4）商标图样。

（5）要求优先权的，应当提交书面声明，并同时提交或在申请之日起三个月内提交优先权证明文件，包括原件和完整的中文译文。未书面声明，或申请/展出国家/地区、申请/展出日期，申请号栏目填写不完整的，视为未要求优先权。逾期未提交或未完整提交优先权证明文件的，或证明文件不足以证明其享有优先权的，优先权无效。

（6）将他人肖像作为商标图样进行注册申请的，应当予以说明，并附送肖像权人的授权书。授权书应包括作为商标图样申请的肖像人肖像、肖像人的身份证复印件。自然人、法人或其他组织将他人肖像作为商标图样进行注册申请，肖像人已死亡的，应附送申请人有权处置该肖像的证明文件，证明文件应包括作为商标图样申请的肖像人肖像。

自然人将自己的肖像作为商标图样进行注册申请的，应当予以说明，不须附送授权书。

（7）申请人提交的各种证件、证明文件和证据材料是外文的，应当附送中文译文；未附送的，视为未提交该证件、证明文件或者证据材料。

（8）自然人办理商标注册申请的，除按照有关规定提交商标注册申请书、商标图样等材料外，还应当注意符合《自然人办理商标注册申请注意事项》的相关要求。

（9）为申请商标注册所申报的事项和所提供的材料应当真实、准确、完整。以欺骗手段或者其他不正当手段取得注册的，由国家知识产权局宣告该注册商标无效；其他单位或者个人可以请求国家知识产权局宣告该注册商标无效。

（三）商标注册申请补正程序

商标注册申请手续齐备、按照规定填写申请文件并缴纳费用的，国家知识产权局予以受理并书面通知申请人；申请手续不齐备、未按照规定填写申请文件或者未缴纳费用的，国家知识产权局不予受理，书面通知申请人并说明理由。申请手续基本齐备或者申请文件基本符合规定，但是需要补正的，国家知识产权局通知申请人予以补正，限其自收到通知之日起30日内，按照指定内容补正并交回国家知识产权局。在规定期限内补正并交回的，保留申请日期；期满未补正的或者不按照要求进行补正的，国家知识产权局不予受理并书面通知申请人。

（四）商标注册申请的实质审查程序

国家知识产权局对受理的商标注册申请，依照商标法的有关规定进行审查，对符合规定的或者在部分指定商品上使用商标的注册申请符合规定的，予以初步审定，并予以公告；对不符合规定或者在部分指定商品上使用商标的注册申请不符合规定的，予以驳回或者驳回在部分指定商品上使用商标的注册申请，书面通知申请人并说明理由。

（五）注意事项

（1）《注册申请受理通知书》仅表明商标注册申请已被国家知识产权局受理，并不表明该申请已被核准。

（2）商标注册申请被驳回的，如果对驳回决定不服，申请人可以自收到驳回通知之日起 15 日内向国家知识产权局申请复审。

（3）申请注册的商标被提出异议的，如果申请人（即被异议人）对国家知识产权局的不予注册决定不服，可以自收到通知之日起 15 日内向国家知识产权局申请复审。

（4）商标在提出申请之后但尚未核准注册前仍为未注册商标，仍须按未注册商标使用。如果使用该商标侵犯他人商标专用权，不影响有关市场监管部门对该行为的查处。

（5）注册商标的有效期为 10 年，自核准注册之日起计算。注册商标有效期满需要继续使用的，商标注册人应当在期满前 12 个月内办理续展手续。商标注册人在此期间未能办理的，可以在期满后的 6 个月的宽展期内提出，但须缴纳受理续展注册迟延费。宽展期满后仍未提出续展申请的，国家知识产权局将注销该注册商标；如果原注册人想继续拥有该商标专用权，则须重新提出注册申请。

第三节 专利快速获权途径

在中共中央办公厅、国务院办公厅印发的《关于强化知识产权保护的意见》中指出，要突破知识产权快保护关键环节，优化授权确权维权衔接程序，加强专利、商标、植物新品种等审查能力建设，进一步压缩审查周期。强化源头保护。从前文所介绍的专利权获权途径来说，专利申请审批有着法定的程序和流程，以发明专利申请为例，其包括申请、分类、初步审查、公开、实质审查、授权或驳回等环节。一件可授权的普通发明专利申请的审查周期，平均在 22 个月左右。为了进一步缩减专利申请审批周期，满足社会创新主体的需求，国家知识产权局出台了多项举措，制定了《专利优先审查管理办法》，建设了一批知识产权快速维权中心、知识产权保护中心，申请人可通过优先审查、快速审查等多种途径和方式进一步压缩审查周期。

一、专利优先审查

《专利优先审查管理办法》是以国家知识产权局第 76 号令发布的规范性文件，前身是 2012 年 8 月 1 日施行的《发明专利申请优先审查管理办法》（局令第 65 号），其目的是为了促进产业结构优化升级，推进国家知识产权战略实施和知识产权强国建设，服务创新驱动发展，完善专利审查程序。

（一）优先审查的修改内容

相比《发明专利申请优先审查管理办法》，现在施行的《专利优先审查管理办法》有如下修改。

（1）扩展了专利申请或案件的适用范围。从原来的实质审查阶段的发明专利申请扩展到了实用新型和外观设计的专利申请，发明、实用新型和外观设计专利申请的复审。现实中创新主体对于三种类型的发明创造的各个阶段审查程序都有进行优先审查的需求，尤其是专利权无效宣告案件往往与专利侵权案件相关联，进行优先审查能够有效解决专利维权“周期长”的问题。《专利优先审查管理办法》构建了系统且完善的专利优先审查的规定。

（2）对于优先审查的适用条件进行了扩展。根据《国务院关于新形势下加快知识产权强国建设的若干意见》《国务院关于印发“十三五”国家战略性新兴产业发展规划的通知》等重要文件的政策部署，增加了多项可以请求优先审查的情形：增加了智能制造产业；从支持地方经济建设、鼓励优势产业发展角度考虑，增加了各省级和设区的市级人民政府重点鼓励的产业；在新一代技术革命中蓬勃发展的互联网、大数据、云计算等前沿热点领域，其技术内容、技术方案更新迭代快，产品生命周期短，可能一两个月就有升级版的技术方案出现，对于优先审查有迫切需求，对涉及的专利申请进行优先审查能够更好地满足该领域创新主体“快获权”的需求；从尽快确定权利状态、有效保护权利人利益角度考虑，对申请人或者请求人已经做好实施准备，或者已经开始实施，或者有证据证明他人正在实施其发明创造的申请也需要进行优先审查。

（3）简化优先审查的办理手续。从方便申请人、减轻文件准备负担、提高工作效率角度出发，进一步简化办理优先审查的手续。例如，不再要求提交检索报告，请求人仅需提交现有技术或现有设计信息材料；在某些情况下，不再需要国务院相关部门或者省级知识产权局签署推荐意见。

（二）优先审查的办理手续

1. 优先审查的提出主体

专利申请人可以对专利申请、专利复审案件提出优先审查请求；当申请人为多个时，应当经全体申请人或者全体复审请求人同意。无效宣告请求人或者专利权人可以对专利权无效宣告案件提出优先审查请求；当专利权人为多个时，应当经全体专利权人同意。

此外，为了加快专利侵权纠纷的解决，处理、审理涉案专利侵权纠纷的地方知识产权局、人民法院或者仲裁调解组织可以对专利权无效宣告案件提出优先审查请求。

2. 优先审查的案件提交形式

为了提高优先审查的效率，对于请求优先审查的专利申请以及专利复审案件，应当采用电子申请方式。建议申请人采用 XML 格式文件的电子申请。该格式文件的电子申请有利于规范化管理，并能充分保证专利申请在整个流程的快速、准确；而对于 PDF 格式或 Word 格式文件，系统需要时间转换为审查用的 XML 格式文件，这将影响整个审查周期。对于专利权无效宣告案件则没有申请方式的限制，考虑到纸质文件会涉及较长的数据采集和代码化周期，建议专利权无效宣告案件当事人采用电子请求方式以加快案件审查流程。

3. 优先审查的提出时机

对于发明专利申请人请求优先审查的，应当在提出实质审查请求、缴纳相应费用后具备开始实质审查的条件时提出。

对于实用新型、外观设计专利申请人请求优先审查的，应当在申请人完成专利申请费缴纳后提出。

对于专利复审和专利权无效宣告案件，在缴纳专利复审或专利权无效宣告请求费后至案件结案前，都可以提出优先审查请求。

4. 优先审查的提交材料

申请人提出专利申请优先审查请求的，应当提交优先审查请求书、现有技术或者现有设计信息材料和相关证明文件；有同日申请的，还需要在请求书中提供相对应的同日申请的申请号。除“就相同主题首次在中国提出专利申请又向其他国家或者地区提出申请的该中国首次申请”的情形外，优先审查请求书应当由国务院相关部门或者省级知识产权局签署推荐意见。“国务院相关部门”是指国家科技、经济、产业主管部门，以及国务院知识产权战略实施工作部际联席会议成员单位。

当事人提出专利复审、专利权无效宣告案件优先审查请求的，应当提交优先审查请求书和相关证明文件。优先审查请求书应当由国务院相关部门或者省级知识产权局签署推荐意见，但以下两种情形除外：专利复审案件涉及的专利申请在实质审查或者初步审查程序中已经进行了优先审查；处理、审理涉案专利侵权纠纷的地方知识产权局、人民法院、仲裁调解组织对专利权无效宣告案件请求优先审查，需要提交“复审无效程序优先审查请求书”和相关证明文件，并说明理由。

目前，无论是对专利申请、专利复审案件还是对专利权无效宣告案件提出优先审查请求，优先审查请求书以及相关证明文件都需要提交纸质原件。

（三）优先审查的审查程序

（1）优先审查请求受理后，通常自收到优先审查请求之日起 3 ~ 5 个工作日向申请人发出是否同意进行优先审查的审核意见。对于专利复审、专利权无效宣告案件，在收到优先审查请求书后，会尽快对该请求进行审核，并发出相应通知书来通知请求人是否进入优先审查程序。

（2）对于国家知识产权局同意进行优先审查的申请或者案件，自同意优先审查之日起，发明专利申请在 45 日内发出第一次审查意见通知书并在 1 年内结案；实用新型和外观设计专利申请 2 个月内结案；专利复审案件 7 个月内结案；发明和实用新型专利权无效宣告案件 5 个月内结案，外观设计专利权无效宣告案件 4 个月内结案。

（3）申请人答复发明专利审查意见通知书的期限为通知书发文日起 2

个月，申请人答复实用新型和外观设计专利审查意见通知书的期限为通知书发文日起15日。发文日即为通知书上注明的发文日期。

（4）请求优先审查的专利复审案件和专利权无效宣告案件的通知书答复期限与普通案件相同。

（四）优先审查程序的停止

专利申请的审查过程中存在多种因非审理原因而延长审查期限的情形。例如，在优先审查获得同意之前，申请人可以根据《中华人民共和国专利法实施细则》（以下简称《专利法实施细则》）第51条第1、第2款，对申请文件提出修改，满足申请人修改申请文件的需要，而优先审查获得同意后，上述修改将造成审查周期延长；如果申请人的答复期限超过《专利优先审查管理办法》第11条规定的期限，也将造成审查周期延长；申请人提交虚假材料或者提交非正常申请都是违背了诚实信用原则的行为，不应当再获得优先审查。因此，对于优先审查的专利申请，有下列情形之一的，国家知识产权局可以停止优先审查程序，按普通程序处理：

（1）优先审查请求获得同意后，申请人根据《专利法实施细则》第51条第1、第2款对申请文件提出修改。

（2）申请人答复期限超过《专利优先审查管理办法》第11条规定的期限。

（3）申请人提交虚假材料。

（4）在审查过程中发现为非正常专利申请。

同样，专利复审、专利权无效宣告案件的审理过程中也存在多种需要延长审查期限的情形。如果复审请求人延期答复，将造成审查周期延长；在专利权无效宣告案件的优先审查请求获得同意之前，当事人可以补充证据和理由以及修改权利要求书，而优先审查获得同意后，上述情形将造成审查周期延长；当专利复审或者专利权无效宣告程序被中止、案件审理依赖于其他案件的审查结论时，不能保证在规定的期限内结案；当遇到疑难案件，为了保证审理质量、维护当事人权益，也需要较长的审理时间。因此，对于优先审查的专利复审或者专利权无效宣告案件，如果出现下列情形，国家知识产权局可以停止该案件的优先审查程序，按普通程序处理：

（1）复审请求人延期答复。

（2）优先审查请求获得同意后，无效宣告请求人补充证据和理由。

（3）优先审查请求获得同意后，专利权人以删除以外的方式修改权利要求书。

（4）专利复审或者专利权无效宣告程序被中止。

（5）案件审理依赖于其他案件的审查结论。

优先审查的审查程序中相关环节的处理时限要比普通申请的处理时限更为严格，从而保证了较快的审查周期。每年国家知识产权局都会根据不同专业技术领域的审查能力、上一年度的专利授权量以及本年度待审案件数量综合确定优先审查的数量，在保证审查质量和总体审查周期不受影响的前提下，国家知识产权局专利局将在现有审查能力范围内提供尽量多的专利申请优先审查资源。以 2018 年为例，国家知识产权局按需安排专利申请的优先审查数量为 3.5 万件，对于希望利用优先审查途径的申请人，由于优先审查数量配额相对有限，因此，申请人在充分理解优先审查政策和请求流程的前提下，应结合自身技术产品研发和专利申请布局需要，尽可能在年初或者年中就提出优先审查的请求，而不是等到将近年底时再提出优先审查的请求。

二、知识产权快速维权中心

（一）成立背景

目前从国际上看，世界各国都把专利的竞争、专利的创造、专利的实施、专利的运用，作为未来争夺的焦点。所以我们迫切需要加快专利战略的推进工作，不断提高专利质量和专利储备，大力推进专利运用工作，对涉及国家产业利益的专利进行战略性收储和经营，并运用专利支撑产业聚合式发展，引导创新资源向产业集聚，促进形成以重大技术突破和产业创新为指向、以企业集群为主体的产业竞争合作发展格局，进而促进全产业链整体升级，切实提高国家产业核心竞争力和经济效益，保障我国经济安全。

但目前我国的创新还处在初期，整个创新能力、创新水平、创新资源与发达国家、跨国公司相比还有很大的差距。我们现在正处在工业化进程中，还有大量低端制造业和出口加工型贸易，也要通过技术创新促进产业转型升级。因此2012年国家层面开始围绕重点领域、地方重点产业建立一批知识产权快速维权中心，建立快速维权工作机制，通过知识产权快保护高效服务企业和产业，让知识产权因素与产业进行更好地融合，提升产品和产业竞争力，促进企业转型升级。

全国首家知识产权快速维权中心2011年在广东中山古镇设立，所服务的行业为灯饰产业，面向中山古镇的灯饰产业开展外观设计专利申请的快速预审工作。截至2021年8月，全国已经批复建设了28家知识产权快速维权中心，各中心都与地方政府重点发展或重点扶持的产业专业相结合。

（二）知识产权快速维权中心预审服务

下文以中山（古镇）知识产权快速维权中心（以下简称“中山快维中心”）针对灯饰外观设计专利申请开展的快速预审服务为例，解释快速授权机制。灯饰产品具有设计风格更新快的行业特点，创新设计产品上市前亟须快速获得外观设计授权保护。为了能够提升中山古镇灯饰产业外观设计审批的速度。2012年6月，外观设计快速授权工作正式启动。国家知识产权局根据合作机制在中山快维中心建立快速授权机制，对中山灯饰产业集群内符合条件的灯饰外观设计专利申请，由中山快维中心先行预审后，进入专利审查流程和快速授予专利权的政策通道。中山快维中心建立了备案准入制度、快速预审制度和绿色通道制度，满足了古镇灯饰产业对快速授权的强烈需求。

1. 备案准入制度

为了方便中山灯饰产业集群内遵纪守法的灯饰企业和个人快速获得外观设计授权，根据企业创新状况、知识产权管理情况等不同情况设置准入条件，建立采用自愿申请、备案审查的备案准入制度。准入条件为个人或在中山注册成立的企业，遵守相关知识产权法律法规，维护自己合法权益，同时尊重他人的知识产权，企业具有一定的灯饰研发能力、具备基本的知识产权管理制度。在资源有限的情况下，设置准入条件，有效筛选有迫切真实需求的企业和个人进入快速授权机制，兼顾了效率和程序，便利了创新主体。

2. 预审制度

为了保障加快授权的顺利进行，中山快维中心就灯饰外观设计进行形式审查的预审工作，并进行新颖性检索。如果符合条件，则进入绿色通道，加快审查和授权；如果不符合规定，则将转为普通的申请进入常规程序。预审工作依托中山快维中心专业预审员队伍开展，既保障了外观设计的快速审查授权，又在快速授权的同时保障授权的稳定和合法。

3. 绿色通道制度

对于预审审查合格的外观设计申请，进入快速授权通道，通常10个工作日内即可获得授权。以备案准入制度、预审制度、绿色通道制度构成的外观设计快速授权通道具有以下优势：①快速将产品研发设计纳入专利保护，企业智力资源投入产权化，有效防止创新成果流失；②有助于企业建立产品设计储备和设计专利保护体系，有效规范企业管理和保护知识产权；③有利于企业以专利为保障，主动适应产品周期和商业行情，增强企业竞争力和商贸话语权。

三、知识产权保护中心

（一）保护中心成立背景

在前期布局建设知识产权快速维权中心的基础上，为了加快建立产业知识产权快速协同保护机制，切实完善产业知识产权保护体系，更好地促进产业结构调整和转型升级，国家知识产权局于2016年印发了《国家知识产权局关于开展知识产权快速协同保护工作的通知》，决定在优势产业集聚区，依托一批重点产业知识产权保护中心，开展集快速审查、快速确权、快速维权于一体的，将审查确权、行政执法、维权援助、仲裁调解、司法衔接相联动的产业知识产权快速协同保护工作。

（二）保护中心快速预审流程

1. 快速预审的技术领域

保护中心根据国家知识产权局批复建设文件中所明确指出的产业领域，结合本地相关产业知识产权实际需求，向国家知识产权局提交拟开展快速预审服务的技术领域，一般发明和实用新型专利限定至 IPC 分类号的小类，外观设计专利限定至洛迦诺分类的小类，经国家知识产权局审定后确定最终的技术领域。保护中心可根据实际需要，向国家知识产权局申请调整快速预审服务的技术领域（分类号）。保护中心根据当地产业发展需求，可向国家知识产权局申请调整快速协同保护工作所服务的产业领域。

以广东省为例，截至 2021 年 5 月底，已经有 3 家知识产权保护中心正式运行，分别是中国（广东）知识产权保护中心、中国（佛山）知识产权保护中心和中国（深圳）知识产权保护中心。这三家所服务的产业有所区别，省级保护中心服务的产业为新一代信息技术和生物产业，佛山知识产权保护中心和深圳知识产权保护中心服务的产业分别为智能制造装备建材产业和互联网新能源产业，其所服务的产业都是地方优势产业。另外，中国（珠海）知识产权保护中心、中国（汕头）知识产权保护中心和中国（广州）知识产权保护中心也已建设完成。

2. 申请主体备案

保护中心对进入快速审查通道的企业、高校、科研院所等进行备案管理，并将名单上报国家知识产权局。未备案的企事业单位，保护中心不得通过快速审查通道将其专利申请提交至国家知识产权局。

（1）备案条件。

备案主体应为在保护中心所服务区域内进行登记注册的企事业单位。备案主体的主要生产、研发或经营方向，属于保护中心所服务的产业领域。

（2）备案原则。

符合备案条件的，不论国内企业或国外企业、本地企业或外地在本地注册的企业、国有企业或民营企业、大企业或小微企业，均准予备案。对每一类申请主体，根据其专利申请量、专利授权率、有效专利权数量、专利质量（是否存在非正常申请行为）、专利运用情况、技术创新能力、研发投入、知识产权维权情况、是否存在恶意侵犯他人知识产权等因素进行综合评价，同一类申请主体进行排序，择优选取纳入预审服务范畴的申请主体。

（3）备案管理。

保护中心确定的申请主体备案名单，需上报国家知识产权局审核。完成备案的申请主体，有下列情形之一的，一经发现，立即取消其备案，并通知申请主体。

① 提交虚假材料的。

② 违反国家知识产权局《关于规范专利申请行为的若干规定》有关规定的。

③ 专利申请经预审合格、进入快速审查通道后，多次违反知识产权保护中心专利申请须知以及相关承诺书的要求，导致专利快速审查无法顺利进行的。

除了上述要求外，提交预审材料的质量、专利申请获权的转让是否报备以及报备理由等因素也会影响备案主体的资质。保护中心可根据实际需求更新调整申请主体备案名单。

3. 快速预审服务

（1）申报专利申请快速预审，需具备以下条件。

① 申请主体为在保护中心完成备案的单位。

② 拟提交的专利申请属于保护中心服务的技术领域。

③ 申请人申报专利申请预审服务时须签订知识产权保护中心专利申请须知和承诺书，并确保专利申请符合相关要求。

（2）预审主要包括以下内容。

① 对拟提交的专利申请进行初步分类，判定是否属于保护中心服务的技术领域范围。

② 对拟提交的专利申请文件的形式和内容进行审查。

③ 拟提交的专利申请是否存涉及国家安全或者重大利益。

④ 拟提交的专利申请是否存在低质量问题。

（3）根据预审情况，形成保护中心预审结论，如存在缺陷，将缺陷告知申请人并要求申请人对申请文件进行修改以消除缺陷。

（4）通过保护中心预审合格的拟提交的专利申请，申请人向国家知识产权局专利局正式提交该专利申请，并尽快将专利申请号提交至保护中心；未通过保护中心预审的专利申请，申请人可按照普通程序向国家知识产权局提交申请。

（5）保护中心对已正式向国家知识产权局提交的专利申请（已获得专利申请号）进行审核，审核合格后，进入快速审查通道。

图 2－3 展示了保护中心专利申请快速预审服务流程。

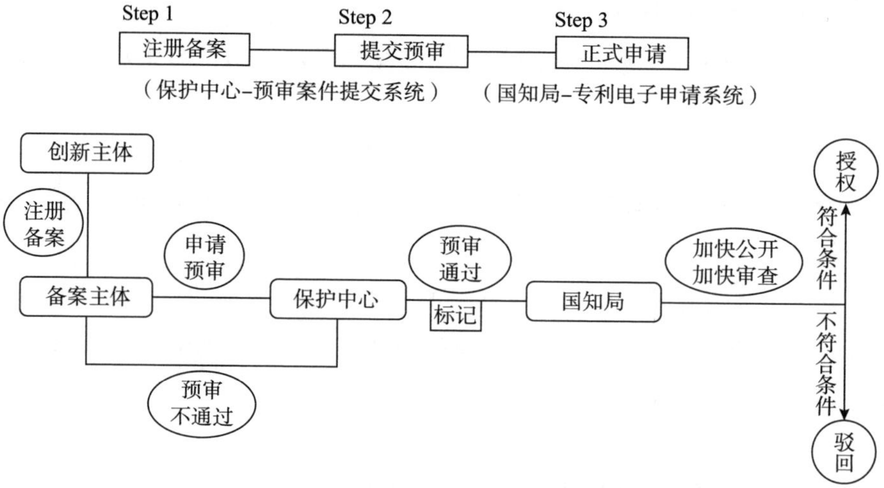

图 2－3　专利申请快速预审服务流程

对于专利复审及无效请求快速预审服务来说，其流程与专利申请快速预审服务基本相同，由于专利复审和专利无效宣告请求的审查程序和审查内容与专利审查有所区别，因此相应的快速预审服务审查主要包括以下内容。

① 无效宣告请求客体、无效宣告请求人资格、委托手续等是否符合要求。

② 无效宣告请求人提交的专利无效宣告请求书、无效宣告请求范围及必要时附具的有关证明文件和说明所依据的事实是否符合要求。

③ 无效宣告请求人提交的必要的证据及结合提交的所有证据具体说明无效宣告请求的理由是否符合要求。

④ 复审请求人的复审请求客体、复审请求人资格、期限、文件形式及委托手续等是否符合要求。

对于保护中心所开展的专利权评价报告快速处理预审服务来说，除了要求请求主体为在保护中心完成备案的单位和相关专利属于保护中心服务的技术领域之外，还有一个很重要的要求是：该专利必须是已经通过保护中心预审合格并且获得授权的（不包括转为普通程序的申请）。

前文介绍的快维中心仅面向外观设计专利申请提供快速预审服务，而且多数集中在产业镇，服务的产业相对较为单一。与之相比，保护中心实现了从快速审查到快速无效、快速复审、快速确权和快速维权的全链条拓展，完成了从针对单类产品、单个行业到面向整个产业领域的全领域拓展。

（三）知识产权快速协同保护

知识产权快速协同保护工作，以推进知识产权严保护、大保护、快保护、同保护，促进构建知识产权保护体系为根本；以快速预审、快速确权、快速维权、运营导航等环节协调联动为动力；以为社会公众提供更加高效、便捷、低成本的知识产权“一站式”服务为宗旨；积极营造良好创新创业和营商环境，有效支持优势产业高质量发展。

为实现知识产权“一站式”服务，保护中心除了通过快速预审服务为创新主体提供知识产权快速审查服务外，在知识产权快速维权方面，保护中心还协助开展知识产权维权援助、专利侵权判定咨询、纠纷调解等多方面工作。

在知识产权综合运用方面，保护中心围绕重点产业领域，开展前瞻性专利导航分析，跟踪产业知识产权竞争态势，预警产业知识产权风险，规划产业结构调整和升级路径，为相关政府部门和企业提供信息参考和决策支撑，打造专业性知识产权智库；在高价值专利培育方面，保护中心将快速审查与确权、快速维权、保护协作等业务与政府引导支持的产业专利导航、高价值专利培育等项目载体有效对接，打通专利导航布局与审查确权、维权保护的快速通道，积极培育高价值专利组合。

在知识产权运营方面，保护中心围绕当地产业发展共性需求，与行业协会、产业知识产权联盟、龙头企业等深度合作，因地制宜开展产业知识产权运营服务，与国家知识产权运营公共服务平台等进行项目对接，推动行业知识产权协同创新、联合保护、集中管理和集成运营。保护中心针对技术引进、科研立项、人才引进、企业并购等重大经济科技活动开展知识产权分析评议，同时积极开展竞争情报分析、区域创新能力研究等工作，为相关政府部门和企业提供信息参考和决策支撑。

按照保护中心的快速审查机制，对于满足授权条件的发明专利申请、实用新型专利申请和外观设计专利申请，其计划的授权周期分别控制在3个月、1个月和10天以内。截至目前，根据保护中心实际运行的情况来看，三种专利申请周期基本都能控制在上述周期内。快速审查机制使相关专利审批速度与产品研发上市周期同步甚至超前，有效地满足了企事业单位的创新需求。此外，保护中心对备案企事业单位进行非正常专利申请核查，有效拦截了部分非正常或低质量专利申请。对拟申请专利提前进行检索的预审设计进一步控制了申请质量，通过保护中心提交的预审案件的授权率明显高于我国三种专利的平均授权率。以外观设计专利申请为例，2018年我国外观设计专利申请平均授权率约83%，通过保护中心提交的外观设计专利申请平均授权率可达95%以上。

第四节　专利布局与专利保护

专利布局是指企业综合产业、市场和法律等因素，对专利进行有机结合，涵盖了与企业发展紧密相关的时间、地域、技术和产品等维度，构建严密高效的专利保护网，最终形成有利于企业发展布局的专利布局。

专利技术的明确性、专利授权的权威性、专利保护的垄断性，决定了专利的优势。专利在保护发明创造方面，拥有极大的优势，主要体现在以下几个方面。

第一，同样的发明创造，不能再向其他人授予专利权，为专利权人提供了垄断性的竞争优势。

第二，除非因为被宣告无效等原因，专利一旦授权即可持续占有，不像技术秘密随时可能因为被公开，或被他人专利化而失去权利，权利相对比较稳定。

第三，由于专利权利要求清晰，保护范围明确，便于确定侵权行为，也便于请求行政执法，因此有利于权利保护，保护力度更强。

第四，由于专利具有来自官方授权的权威性，经过官方审查的稳定性等优势，使得专利比较容易获得风险资本的青睐，也方便通过专利运营获取资金支持。专利的优势当然不只这些，但上述优势已经足以让无数企业趋之若鹜。

但专利也有其局限性，主要体现在以下几个方面。

第一，需要通过公开换取保护，给竞争对手以利用机会。作为取得专利的代价，发明创造的内容必须通过专利申请文件向社会公开，并允许任何人检索查看。这当然会给竞争对手研究自己研发方向和布局的机会。

第二，如果发明专利申请公开又未获得专利，将得不偿失。

第三，从专利申请到授权需要一定时间，可能不适应技术或产品的更新速度。特别是申请发明专利，一般要等两三年甚至更长时间，才可能拿到授权。

第四，专利申请与维持需要付出较大成本。专利申请、审查、授权后的维持等都需要缴纳相关费用，如果申请的专利数量较多，成本更是不容小视。对于专利组合庞大的企业特别是中小企业，将是一笔沉重的经济负担。

第五，专利保护存在地域和时间限制。一个国家或一个地区所授予的专利权，仅在该国或该地区内有效，在其他国家和地区不发生法律效力，其专利权是不被确认与保护的。一旦专利保护期限结束，任何人都可以无偿使用该发明创造，专利权人丧失垄断优势。

考虑专利布局的优势和不足，因此我们更需要熟悉和掌握专利布局的基本原则，合理地开展专利布局，更好地利用专利制度，保护创新主体的利益。

一、专利布局基本原则

在知识产权竞争中很多时候都表现为专利的竞争，因此需要重视专利布局，既要做好攻击竞争对手的准备，也要做好防御竞争对手的准备。对于新兴的企业来说，要充分了解竞争对手、规划好专利的布局方向。而对于老牌的企业来说，不仅要规划好专利的布局方向，也要梳理好现有的专利资源，充分激活现有的专利资源优势，步步为营。规划专利的布局方向，应结合企业发展实际需求，着重考虑以下几个方面。

（一）专利的数量和质量

首先，企业应谨慎选择专利的形式。在我国，专利分为发明专利、实用新型专利和外观设计专利三种。这三种专利，在授权条件、保护对象和保护时间上各有不同。企业需要根据自己的技术实力、产品状况和市场策略，来选择发展适合自己的专利种类。

其次，在专利发展初期，企业必须重视专利数量的累积，可以通过专利发掘与专利奖励等制度或措施，提升企业专利的申请量。只有专利数量累积至一定程度，才能更好地建立企业的专利组合，更好地支持企业的专利战略。

最后，企业应当科学利用专利筛选、专利淘汰等制度，对专利品质加以提升。如果拥有一个竞争对手无法回避又渴望使用的高品质专利，将为企业赢得更多的市场机会与竞争优势。无论是专利种类、专利数量，还是专利品质，其发展目标都应当与企业的经营战略相结合，不要为了专利申请而申请，盲目拼数量，最后把专利这个无形资产，变成了企业的负担。

（二）企业的竞争力

首先，专利发展需要成本，在拥有少量专利时，可能经济压力尚不明显。但是，如果专利众多，又涉及跨国申请，专利带来的经济压力则会迅速凸显。因此，企业必须结合自身的经济实力制定专利发展的目标。企业在专利技术的开发上，需要投入大量的资金，而技术开发具有高风险性，很有可能耗资巨大而所获无几，更谈不上申请专利的问题。在申请和累积专利上，也需要费用的支出，比如专利申请费用、专利代理费用等。企业在拥有庞大数量的专利时，也需要承担相当大的管理成本，比如专利分类、维持、异议答辩等，都需要管理成本的支出。

其次，对于专利技术，尤其是发明专利技术的开发，需要企业具有相当的技术实力甚至技术优势。特别是在某一产业领域或具体产品上已经充满了大量专利之时，如果想突破他人的专利封锁，需要掌握相当的技术优势。所以发展专利时，企业也要衡量自己的技术实力，然后实施适当的专利战略。

再次，企业在开发专利前，应当了解其他企业的研发活动及世界产业竞争的情况，确定哪部分是竞争的技术，哪部分的专利可能是重点，然后制定合理的专利开发方向。同时企业应监控竞争对手的专利布局，这也是影响企业确定专利发展目标的重要因素。如果企业准备进入的产业，竞争对手只布局了少量的专利，甚至还没有布局专利，那么企业可以根据自己的研发水平，迅速抢占专利制高点，完成该产业领域的专利布局，特别是布局基本专利，以阻挡竞争对手进入。如果企业要进入的产业，已经有许多专利布局，尤其如果基本技术已经被他人申请专利保护，那么企业的专利发展策略可以从以下几个方面进行：①在竞争对手的专利之上，进行外围专利开发，尤其是在预测产业未来发展方向后，可进行外围专利开发，以获得交叉许可的条件；②大量累积专利数量，组建专利组合，然后与竞争对手进行专利对抗；③进行替代技术开发，并申请专利保护，借此在新一代产品中，绕开对方的专利障碍。

最后，在拟定企业专利发展目标时，还需要考量专利技术或专利产品的市场需求。如果某项技术虽然十分先进，但不具有市场潜力，比如产品因材料或生产工艺而需要较高的成本，在市场上不具有竞争力，那么该项技术的专利获取和累积，不仅不会带来利益，反而会将企业拖入泥潭。当然，考虑市场潜力，需要着眼于长远，不能只观察这一两年的前景。比如发明专利的保护期限有20年，近几年这个专利产品也许不具有竞争力，但几年后也许会大放异彩。

（三）企业现有专利资源状况

企业应掌握自身的专利数量、专利种类、专利有效期间、专利分布领域、专利经济效益和专利实施利用状况以及专利法律状态等基本信息。具体而言，企业应掌握自身的专利申请量和授权量、专利的类型比重、专利的有效期、专利分布在哪些产品或技术领域、正在利用哪些专利及效益如何。

同时，应当定期核查企业的专利的相关法律状态，比如是否按期缴纳了维持费用，否则可能会因为没有缴纳专利年费，而导致专利权被终止。专利权被终止的结果，将使本来受到法律保护的专利技术，变成社会公共的技术知识，别人可以免费利用。这不仅浪费了在研发方面的投资，而且可能让企业丧失围绕该专利的商业机会。

二、专利布局典型类型

由于专利是一种公开的信息资源，在准备技术开发或专利布局之前，应先了解在这个技术上有哪些申请人已经进行了布局，这是进行专利布局时应首先查阅清楚的。了解已有专利布局之后，才可以紧接着规划自身的专利布局。常见的有以下几种布局方式。

（一）路障式

路障式布局是指将实现某一技术目标所必需的一种或几种技术解决方案申请专利，形成路障式专利的布局模式。

路障式布局的优点是申请与维护成本较低，但缺点是给竞争者绕过己方所设置的障碍留下了一定的空间，竞争者有机会通过回避设计突破障碍，而且在己方专利的启发下，竞争者研发成本较低。因此，只有当已经完成布局的专利中所记载的技术解决方案是实现某一技术主题目标所必需的，竞争者很难绕开它，回避设计必须投入大量的人力和财力时，才适宜用这种模式。

采用这种模式进行布局的企业必须对某些特定技术领域的创新状况有

比较全面、准确的把握，特别是对竞争者的创新能力有较多的了解和认识。该模式较为适合技术领先型企业在阻击申请策略中采用。

例如，高通公司布局 CDMA 的基础专利，即使得无论是 WCDMA、TD-SCDMA，还是 CDMA 2000 的 3G 通信标准，都无法绕开其基础专利这一路障型专利。再如，苹果公司针对手机及电脑触摸技术进行的专利布局，也给竞争者回避其设计设置了很大的障碍。

（二）城墙式

城墙式布局是指将实现某一技术目标之所有规避设计方案全部申请专利，形成城墙式系列专利的布局模式。

城墙式布局可以抵御竞争者侵入自己的技术领地，不给竞争者进行规避设计和寻找替代方案的任何空间。

当围绕某一个技术主题有多种不同的技术解决方案，每种方案都能够达到类似的功能和效果时，就可以使用这种布局模式形成一道围墙，以防止竞争者有任何的缝隙可以用来回避。

（三）地毯式

地毯式布局是指将实现某一技术目标之所有技术解决方案全部申请专利，形成地毯式专利网的布局模式。

采用这种布局，需通过进行充分的专利挖掘，通过大量的专利，围绕某一技术主题形成牢固的专利网，因而能够有效地保护自己的技术，阻止竞争者进入。一旦竞争者进入，还可以通过专利诉讼等方式将其赶出自己的保护区。但是，这种布局模式的缺点是需要大量资金以及研发人力的配合，投入成本高，并且在缺乏系统的布局策略时容易出现专利泛滥却无法产生预期效果的情形。

（四）丛林式

丛林式专利布局，就像大树周围的丛林环绕在基础专利的四周，进不来也出不去。此种布局可以分成两种情况：一是基础性专利掌握在竞争对手的手中，那么就可以针对该专利技术申请大量的外围专利，用多个外围专利来包围竞争对手的基础专利，就像大树周围的灌木丛一样。这样可以有效地阻遏竞争对手的基础专利向四周拓展，从而极大地削弱对手基础专利的价值。必要的时候，还可以通过与竞争对手的专利交叉许可来换取对手的基础专利的授权。二是当基础专利掌握在我们手中的时候，就不要忘了在自己的基础专利周围抢先布置“丛林专利”，把自己的基础专利严密保护起来，不给对手实施这种专利布局的机会。

专利布局其实并无太固定的格式与规则，基本原则是根据整个市场的专利状况与企业自身的专利状况，包括财力、人力以及相关因素综合考虑进行合理规划。前述各种专利布局并未囊括所有类型，也不可能做到囊括，各种基本的专利布局之间还可以进行各种组合或变形，从而形成一个专利防护网。

第三章

中国专利行政保护和司法保护

《专利法》作为设定专利权的民事法律，按照法律规范的逻辑结构，民事法律在设定权利，规定了权利内容和权利的取得、转移方式以后，应当规定权利如何保护。从这个意义上讲，《专利法》第七章关于专利权保护的规定无疑是其最重要的内容之一。

各国专利法有一个比较常见的现象，就是关于授予专利权的条件和程序的规定相对较为详细，而关于保护专利权的规定则并不会特别详细。这是因为：第一，授予专利权的条件和程序是专门的条件和程序，除了由《专利法》予以规定之外，不可能在其他法律中予以规定；而保护专利权、制止专利侵权违法行为的一些程序可以适用其他上位性法律，例如关于侵犯专利权纠纷的诉讼程序在我国可以适用《中华人民共和国民事诉讼法》（以下简称《民事诉讼法》）的规定，关于查处假冒专利行为的程序在我国可以适用《中华人民共和国行政诉讼法》（以下简称《行政诉讼法》）的规定，不必在《专利法》中进行专门规定；第二，关于保护专利权的有些规定涉及比较复杂的问题，各国都难以用简单的法律条文清楚地予以规定。例如，《专利法》规定“发明或者实用新型专利权的保护范围以其权利要求的内容为准，说明书和附图可以用于解释权利要求的内容”，这一规定隐含了大量信息，具体权利要求保护范围如何确定，说明书和附图什么时候可以用来解释、如何解释权利要求，在具体法条中不可能进行详细的阐述；《专利法》规定“认定侵权行为成立的，可以责令侵权人立即停止侵权行为”，至于具体如何认定侵犯专利权的行为成立，涉及诸如等同原则、禁止反悔原则之类的许多概念，该条规定均没有提及。为了便于执行《专利法》第七章规定，最高人民法院公布了《最高人民法院关于审理专利纠纷案件适用法律问题的若干规定》《最高人民法院关于审理侵犯专利权纠纷案件应用法律若干问题的解释》等司法解释，其中绝大部分都是关于《专利法》第七章的内容，这有利于在实际司法审判过程中更好地保护专利权，有助于专利权人通过法律更好地维护自己的权利。

第一节 专利行政保护概述

《专利法》规定，未经专利权人许可，实施其专利，即侵犯其专利权，引起纠纷的，由当事人协商解决；不愿协商或者协商不成的，专利权人或者利害关系人可以向人民法院起诉，也可以请求管理专利工作的部门处理。可见，我国的专利保护体制包括司法保护和行政保护，实施的是司法保护和行政保护双轨制，这种保护模式被普遍认为是我国在专利保护制度领域的特色，也是符合我国发展实际的专利保护制度。

近十几年来，在双轨制保护模式运行下，我国专利无论是在司法审判领域还是行政执法领域，案件量都在快速增长，我国对知识产权的保护力度不断加大，整个社会的知识产权保护意识在不断提升。

图 3 - 1 为 2015—2019 年各省、自治区、直辖市专利行政执法办案量[①]，由此图可以看出，专利行政执法案件主要发生在浙江省、江苏省、广东省、山东省、湖南省、贵州省、四川省、河南省等，这几个省份的专利行政执法案件数量都在 10 000 件以上。其中排名第一的是浙江省，该省的专利行政执法案件数量为 54 885 件；排名第二的是江苏省，该省的专利行政执法案件数量为 30 034 件；广东省以专利执法案件数量 21 042 件排名第三；山东省、湖南省、贵州省、四川省、河南省分别以 16 680 件、16 467 件、13 550 件、10 872 件、10 007 件位列第四、第五、第六、第七和第八。专利行政执法在 4 000 件以上 10 000 件以下的分别是湖北省、福建省、安徽省、河北省和北京市。其余各省、自治区、直辖市的专利行政执法办案的总量都在 4 000 件以下。

通常情况下，专利行政执法案件数量与当地市场经济发展水平、专利集聚程度呈较强的正相关关系，市场经济发展水平越高、专利聚集程度越高的地区，执法案件数量就会越多。浙江省、江苏省、广东省均位于沿海地区，

① 数据来源于国家知识产权局网站。

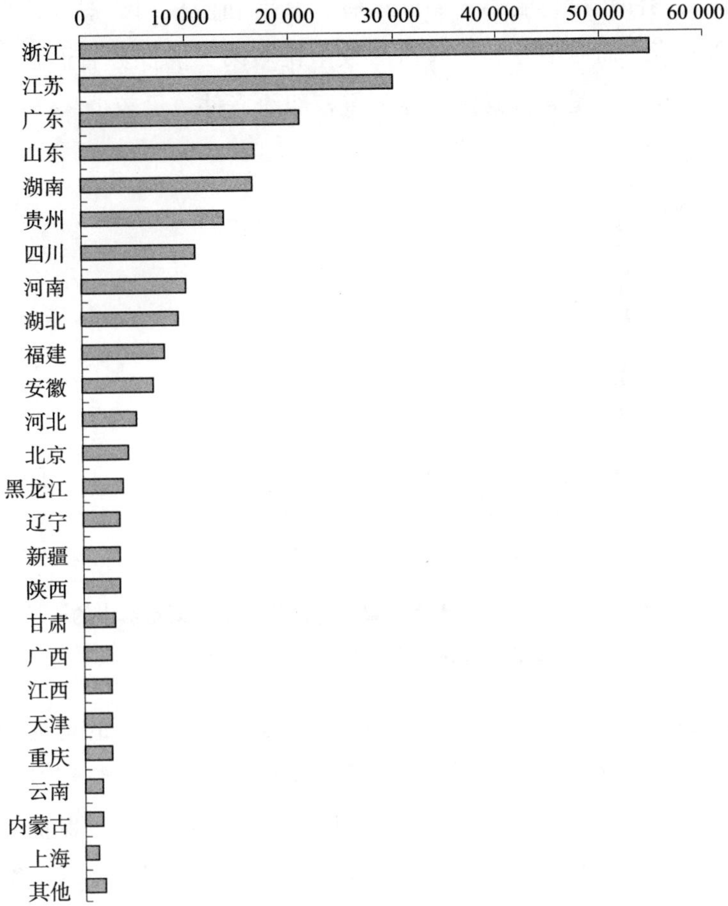

图 3－1 2015—2019 年中国各省、自治区、直辖市专利行政执法办案量（单位：件）

商品经济发达，专利纠纷或假冒专利的行为较多，往往成为专利行政执法的多发地。另外，专利行政执法案件数量的多少，也体现了该地区专利行政执法保护的力度，专利行政执法案件数量高的地区，其专利保护力度也较强。

图 3－2 为 2015—2019 年中国专利行政执法案件数量排名前十的省份专利行政执法案件类型分析图。由图可以看出，浙江省、广东省、四川省的侵权纠纷案件数量多于各自的假冒案件，而其他省份则是假冒案件的数量多于各自的侵权纠纷案件；而其他纠纷案件不论哪个省份均很少。其中专利行政执法案件总量排名全国第一的浙江省，其专利行政执法案件类型主要是侵权纠纷案件，假冒案件类型只占到其案件总量的约十分之一；专

利行政执法案件数量排名第三的广东省，其专利侵权纠纷案件几乎是假冒案件的2.5倍。而对于专利行政执法数量排名第二的江苏省而言，其专利行政执法案件主要是假冒案件，专利侵权纠纷案件数量较少。

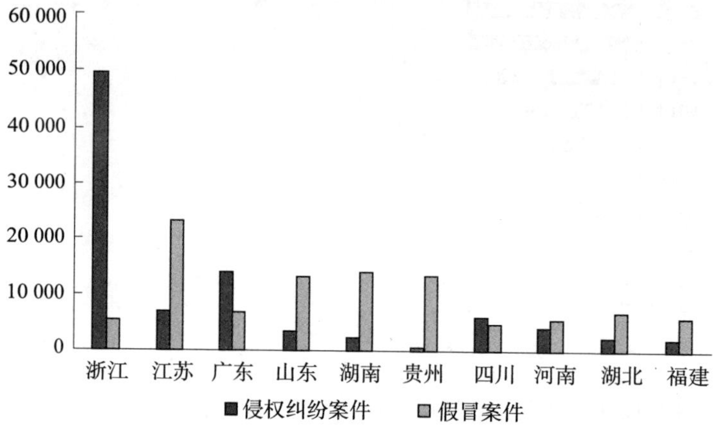

图3－2 2015—2019年中国专利行政执法办案量前十的省份专利执法案件类型（单位：件）

专利侵权纠纷案件是指未经专利权人许可而实施专利的行为侵犯了专利权人合法权益的案件。通常由专利权人或利害关系人向管理专利工作的部门提出申请，管理专利工作的部门依请求做出行政决定，保护专利权人或利害关系人的合法权益。相较于假冒专利案件，专利侵权纠纷案件需要专利权人或者利害关系人主动作为，专利侵权纠纷案件数量较高说明该地区专利权人或利害关系人专利维权意识较强。

假冒专利案件是指冒充他人专利，损害专利权人权益，干扰专利管理秩序，给社会带来不良后果和危害的违法行为。通常是由各省市管理专利工作的部门主动查处或者接受群众举报而开展执法专项行动，深入市场、商场、店铺、街道等查处假冒专利，从而有效管理市场经济秩序，营造良好营商环境。假冒专利案件数量一方面反映了该地区专利管理工作的特点，另一方面也一定程度上反映了该地区管理专利工作的部门主动执法的力度。

简言之，专利侵权纠纷是管理专利工作的部门依请求而进行的行政保护，反映的是市场的维权意愿，对行政部门而言是一种“被动作为”；而查处假冒专利的行为，是管理专利工作部门管理经济秩序的一种“主动作为”。

对于侵犯专利权的行政救济制度，《专利法》中明确指出，地方知识产权局可以作出责令侵权人停止侵权行为的处理决定，可以就侵犯专利权的赔偿数额进行调解，调解不成，当事人可以向法院起诉。

我们可以明确，对于当事人双方之间的专利侵权纠纷，专利行政保护主要包括专利侵权行政处理和专利侵权行政调解两种方式，两者之间一个最重要的区别在于：地方知识产权局应专利权人或者利害关系人的请求，经过调查并确认被请求人的行为侵犯了专利权的，可依法作出停止侵犯专利权的处理决定，但是不能对专利权人或者利害关系人的侵权赔偿请求作出赔偿的处理决定。地方知识产权局可以应专利权人或利害关系人的请求，在被请求人的同意下，就被请求人的行为是否侵犯涉案专利权及其损害赔偿进行调解。但是在专利行政保护实践中，专利权人或者利害关系人基本上会同时提出确认侵犯专利权和作出赔偿的行政请求。

由于地方知识产权局属于政府机构，其所作决定属于行政决定。根据《专利法》的规定，当事人对于地方管理专利工作的部门作出的行政决定不服的，可以向人民法院提出请求撤销该处理决定的专利侵权行政诉讼，是一种“民告官”的行为，在专利侵权行政诉讼中，地方知识产权工作管理部门只能是被告。一般来说，我国专利侵权纠纷的行政诉讼案件数量相对较少，大多数案件都以管理专利工作的部门胜诉而告终，即大多数情况下法院判决维持管理专利工作的部门作出的专利行政决定有效，这在一定程度上体现了我国专利行政执法的权威性。对于我国地方知识产权管理部门所作出的专利侵权行政处理决定，当事人还是比较信服的。

第二节　专利司法保护概述

一、整体概况

如前文所述，自从党的十八大以来，我国的知识产权司法保护无论是在政策层面、机制设计还是在司法保护力度和具体的机构建设上都取得了长足的进步，为营造良好营商环境做出了巨大的贡献。

随着我国知识产权司法保护力度的加强，越来越多的创新主体开始运用法律维护自己的合法权益，因此知识产权民事一审案件的数量逐年增多。从专利权、商标权、著作权这三种常见的知识产权类型案件统计数量来看，著作权民事纠纷最多，其次是商标权，最后是专利权民事纠纷。由于专利通常是创新主体对于其先进技术的主要保护形式，因此专利权民事纠纷的数量一定程度上也反映了先进技术的创新难度。

另外一个比较有意思的数据是知识产权行政一审案件数量总量和专利案件数量的统计变化趋势，如图3－3所示。

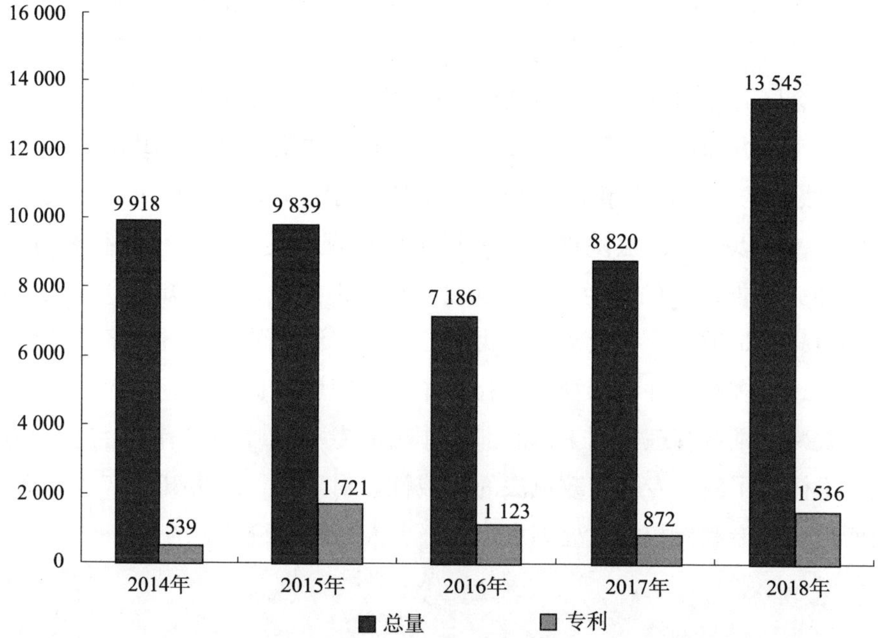

图3－3 知识产权行政一审案件数量统计（单位：件）

从图3－3可以看出，近几年来，知识产权行政一审案件的数量基本稳定，其中在2016年较低，2018年较高，这与我国在近年来陆续设置知识产权法庭有着直接的关系。值得注意的是，2015年的专利行政一审案件相比2014年出现了大幅增长，一个不可否认的原因是我国在2014年年底在北京、上海、广州三个知识产权最活跃的地区设了三家知识产权法院。因此，我们可以得出，知识产权法院的设立对于完善知识产权司法审判体系、加强知识产权司法保护是非常必要的，具有重要意义。

二、专利司法保护相关法律

对于专利司法保护来说，《专利法》规定了专利权的权利（也就是我们常说的保护范围）和具体救济措施。除了《专利法》，另一部主要涉及的法律为《民事诉讼法》，《民事诉讼法》主要规定了专利侵权诉讼的基本程序，这是由于大部分专利侵权诉讼均属于民事诉讼。

除了《民事诉讼法》和《专利法》之外，在专利司法保护中，最常使用的就是司法解释。司法解释是我国法律体系中特有的法律规范形式，主要针对具体审判工作中所适用法律问题所作的一般性、规范性的解释。由于专利文件是技术和法律的结合，在专利司法审判中时常会遇到具体法律条款太过于原则化而难以适用的问题，因此，我国最高人民法院针对专利侵权纠纷出台了一系列的司法解释。目前，在专利司法保护中，常用的是2009 年和 2016 年发布的相关司法解释。

第三节　专利权保护范围

专利权作为一种无形财产权，其保护客体是发明创造，属于智力活动成果，由于其具有无形性，不像有形资产，因此需要在法律上对其保护范围进行界定。判定他人的行为是否构成侵犯专利权的行为，需要判断其行为客体是否落入其专利权的保护范围。由于专利权的独占性，专利权的保护范围是指专利排他性请求效力所及的客观范围，《专利法》第 59 条中规定的是专利权的保护范围，即“发明或者实用新型专利权的保护范围以其权利要求的内容为准，说明书及附图可以用于解释权利要求的内容。外观设计专利权的保护范围以表示在图片或者照片中的该产品的外观设计为准，简要说明可以用于解释图片或者照片所表示的该产品的外观设计”。

《专利法》规定了三种专利权，即发明专利权、实用新型专利权和外观设计专利权。其中发明专利权和实用新型专利权的专利文件包括权利要求书，其作用就是专门用来确定发明专利权和实用新型专利权的保护范围；外观设计专利权的专利文件没有权利要求书，因此外观设计专利权的保护范围主要依靠其图片或者照片所表示的产品的外观设计来确定。因此确定发明专利权、实用新型专利权和外观设计专利权保护范围的方式有所不同，需要分别予以说明。①

一、发明专利和实用新型专利权利要求解释

发明或者实用新型的专利文件均包括说明书、权利要求书，必要的时候还会有附图。权利要求书是如何确定发明专利权和实用新型专利权的保护范围的？根据《专利法实施细则》第 19 条的规定，权利要求书应当记载发明或者实用新型的技术特征。一项权利要求中记载的所有技术特征共同限定了要求专利保护的范围。但凡在权利要求中记载一个技术特征，都会对该权利要求的保护范围产生一定的限定作用。所谓“限定作用”，是指该权利要求所保护的技术方案应当包括该技术特征。一般说来，在授予专利权之后，他人实施的技术方案如果再现了一项权利要求中记载的全部技术特征，就落入到该权利要求的文字所确定的保护范围之内，这是权利要求所确定的最为狭义的保护范围。如果他人实施的技术方案除了包含权利要求中记载的全部技术特征，还包括一个或者多个权利要求中不曾记载的其他技术特征，上述结论的成立不受任何影响；反之，如果他人实施的技术方案没有包括一项权利要求中记载的某一技术特征，一般就会被认为没有落入该项权利要求的文字所确定的保护范围。

由此可见，《专利法》第 11 条所述的“其专利产品”与“其专利方法”并非是指被控侵权行为的客体必须与专利技术方案“相同”，而是指采用了授权专利的权利要求中记载的全部技术特征。他人在一项专利技术的基础上作进一步改进，可以形成另一项发明创造。如果经过改进的发明创造具备新颖性、创造性和实用性，还可以申请获得另一项专利权。此

① 尹新天. 中国专利法详解［M］. 缩编版. 北京：知识产权出版社，2012：429.

时，从总体上看，经过改进的发明创造与原专利权所要求保护的技术方案相比，已经有了很大不同，从而远谈不上相同；但是如果经过改进的发明创造仍然包含了原专利权的一项权利要求中记载的全部技术特征，就落入了该专利权的保护范围，这一结论丝毫不会因为针对改进后的发明创造申请并获得了另一项专利权而有所改变。根据上述确定发明和实用新型专利权保护范围的基本规则，可以得出如下结论：一项权利要求所记载的技术特征数目越少，表达这些技术特征所采用的措辞越是具有上位含义，则该权利要求所确定的保护范围就越大；反之则越小。这是权利要求的基本属性。[①]

但是在司法实践中，对于权利要求本身的解释存在适用原则不同的问题，主要有中心限定解释原则、周边限定解释原则和折中解释原则。

（一）中心限定解释原则

中心限定解释原则主张权利要求的文字记载所表达的范围仅仅是专利权保护的最小范围，可以以权利要求书记载的技术方案为中心，通过说明书及其附图的内容全面理解发明创造的整体构思，将其保护范围扩大到四周的一定范围。根据该原则，申请人只需确保权利要求记载反映发明创造的创新点所在，满足专利授权条件，在授予专利权后，法院在判断是否侵权时可以通过说明书和附图内容来认定其发明构思，一定程度上可以自由拓展权利要求的文字所表达的保护范围。其优点在于能够为专利权人提供全面的保护，有利于激励发明人进行发明创造。其缺陷也是显而易见的：第一，法院在审理是否侵权时，需要花费大量时间精力去理解发明创造，明确发明构思，寻找发明对社会的真正贡献，因此带有比较强的主观色彩；第二，由于权利要求保护范围的不确定性，导致专利权边界模糊不清，对于社会公众来说，难以判断专利权的确切保护范围，一定程度上损害了社会公众的利益。

（二）周边限定解释原则

与中心限定论正好相反，所谓周边限定论，是指专利权的保护范围完

---

① 尹新天．中国专利法详解［M］．缩编版．北京：知识产权出版社，2012：430.

全由权利要求的文字内容所确定，严格依照权利要求书中记载的文字进行解释，不得超越文字记载所表达的范围。只有当被控侵权行为严格地从文字意义上再现了权利要求中所记载的每一个技术特征，才被认为落入到权利要求的保护范围之内。只要存在任何不同，侵权就不成立。所以，采用这种原则，权利要求的撰写好坏对于专利权人来说至关重要，一旦经审查机构确定授权后，其保护范围也就固化了。优点是专利权保护范围相对确定，在授权程序、确权程序以及侵权诉讼程序中，针对权利要求进行解释的基本结论一致。但是这种严格的解释原则对于专利权人来说十分不利，第三人只需对权利要求中记载的技术特征稍加改动，在语言文字表达上略有差异，就往往被认为不侵犯专利权，极大限制了专利权的保护范围。基于这种原则，一方面不利于专利权人合理保护自身的发明创造，不利于激发发明人的积极性；另一方面如果专利权人想要获得更加全面地保护，在撰写权利要求时势必会面面俱到，增加权利要求数量，导致权利要求冗长，增加审查资源负担的同时，也不利于专利权得到灵活高效地保护。

（三）折中解释原则

上述两种原则确定权利要求保护范围的模式截然相反，前者有利于专利权人灵活地得到法律保护，但不利于社会公众确切知晓专利权的保护范围；后者有利于确保专利权保护范围的法律确定性，但不利于为专利权人提供灵活的法律保护。因此，在司法实践中又逐步发展出一种新的解释原则，即对中心限定原则和周边限定原则进行折中处理，在对权利要求进行解释时，以专利权利要求书记载的文字内容为基本依据，但不拘泥于权利要求书的文字记载，而是结合说明书和附图对权利要求书进行解释，从而确定专利权的保护范围。在 EPC 中明确规定：一份欧洲专利或者欧洲专利申请的保护范围由权利要求书的内容确定，说明书和附图可以用于解释权利要求。我国《专利法》的相关规定在法理上和其是一脉相承的。

折中原则的优点在于其既不像中心限定解释原则那样，以发明构思为中心来拓展专利权保护范围，也不像周边限定解释原则那样，将专利权保护范围局限于语言文字所表达的范围。在专利侵权判定中，当发现权利要求中记载的技术方案含义不清时，可以通过说明书和附图来进行解释；当专利权保护范围过宽时，可以通过说明书和附图来进行适当地限缩解释，反之也可进行适当的扩张解释。有一点需要注意的是，在解释权利要求时，不能只是在个别情况下用说明书和附图来进行解释，而是在任何时候都需要根据说明书来阅读权利要求书，将权利要求书和说明书结合起来确定权利要求的含义。在采用折中原则的情况下，只有合理地运用说明书和附图进行补充解释，才能更为准确地把握专利权的保护范围。各个国家的专利法中对于权利要求保护范围的确定基本都体现了对折中原则的考虑，但是作为法律条文其只能是高度概括性的，不可能在法律条款中给出应当如何使用说明书和附图来解释权利要求，具体实践中需要结合案件的实际情况进行具体分析，灵活运用权利要求的解释规则，准确确定专利权的保护范围。

二、外观设计专利权保护范围确定

对于外观设计专利权保护范围的确定，《专利法》中明确规定：外观设计专利权的保护范围以表示在图片或者照片中的该产品的外观设计为准，简要说明可以用于解释图片或者照片所表示的该产品的外观设计。

从该法律条款来看，要明确外观设计专利权的保护范围，重点首先是如何理解什么是产品的外观设计，其次是简要说明。《专利法》第 2 条对外观设计作出的定义是："外观设计，是指对产品的整体或者局部的形状、图案或者其结合以及色彩与形状、图案的结合所作出的富有美感并适于工业应用的新设计。"该定义表明，外观设计专利的保护客体不是产品本身，而是由产品的形状、图案、色彩等设计要素构成的该产品的外观设计，产品只是外观设计的载体。但需要注意的是，在确定外观设计专利权的保护范围时，不能将外观设计的设计方案抽象出来，使之脱离外观设计专利文件限定的采用该外观设计的产品而单独予以保护，认为不论是什么产品，只要采用了相同或者实质上相同的外观设计就落入该外观设计专利权的保护范围。其理由在于：第一，产品的形状是外观设计的重要组成要素，而形状与产品紧密关联、不可分离，脱离了产品就谈不上形状；第二，图案、色彩在产品上的分布和配置方式也是外观设计的组成要素，不能脱离产品予以考虑。因此，尽管严格地说外观设计专利权的保护客体不是产品本身，而是其外观的设计方案，产品只是外观设计的载体，但外观设计并不能脱离其载体而单独存在。

外观设计专利的简要说明记载了对确定外观设计的保护范围可能产生影响的一些因素，例如产品名称、产品用途、产品的设计要点等，必要时还可以写明请求保护色彩、省略视图等情况。因此，规定简要说明可以用于解释图片或者照片所表示的该产品的外观设计，可以使外观设计专利权保护范围的确定更为合理。如同通过发明或者实用新型专利权的说明书及其附图对权利要求书的解释既可能扩大权利要求书的文字所限定的专利保护范围，也可能缩小权利要求书的文字所限定的保护范围那样，外观设计简要说明对图片或者照片的解释也同样可能扩大或者缩小图片或者照片所限定的专利保护范围。

三、权利要求保护范围的典型案例

（一）判断主体——本领域技术人员

不管是在专利审查、行政处理还是侵权诉讼程序中，本领域技术人员是一个各方都认同其存在的“人”。何谓本领域技术人员？我们这里引用《专利审查指南》的解释：本领域技术人员，是指一种假设的“人”，假定他知晓申请日或者优先权日之前发明所述技术领域所有的普通技术知识，能够获知该领域中所有的现有技术，并且具有应用该日期之前常规实验手段的能力，但他不具备创造能力。如果所需解决的技术问题能够促使本领域的技术人员在其他技术领域寻找技术手段，他也应具有从该其他技术领域中获知该申请日或优先权日之前的相关现有技术、普通技术只适合常规实验手段的能力。由于专利文件所具有的技术属性和法律属性，因此在进行权利要求保护范围判断时，其主体不是审查员，也不是行政执法人员和法官，而是应该从本领域技术人员角度出发，根据权利要求书的记载，必要时需要结合说明书来确定权利要求的保护范围。

具体在权利要求保护范围的确认过程中，本领域技术人员是如何进行认定的呢？下面的无效宣告案例有助于我们更好地理解本领域技术人员的角色。

请求人苹果电脑贸易（上海）有限公司（以下简称“苹果公司”）就专利权人高通股份有限公司（以下简称“高通公司”）的名称为“具有高密度的局部互连结构的电路及其制造方法”（专利号：ZL201480013124.1）的发明专利权提出无效宣告请求。原专利复审委员会经审理，作出第37129号无效宣告请求审查决定，维持专利权有效。

在上述无效宣告请求案中，双方当事人的争议焦点之一是如何理解和认定技术术语的含义，准确确定权利要求的保护范围，进而判断权利要求限定的技术方案是否满足新颖性和创造性①。

技术术语的含义一般应当理解为相关技术领域通常具有的含义。

本案的争议焦点之一是权利要求1和9中根据“栅极层间距来安排第一栅极层含义是否清楚”。请求人认为，权利要求1和9中不知如何根据“栅极层间距来安排第一栅极层”。说明书中第一栅极层实为阻挡晶体管，用于隔离扩散去相邻晶体管，而并无根据栅极层间距来安排第一栅极层的说明。

专利权人认为，栅极层间距是指相邻的栅极层之间的距离，为本领域的技术术语。此外根据说明书记载和附图图示，本领域技术人员能够理解该特征的含义。

对此，理解权利要求的保护范围时，应当站位本领域技术人员。一般情况下，权利要求中的用词应当理解为本专利的申请日或优先权日之前本技术领域通常具有的含义。作为本领域技术人员，应当知晓申请日或优先权日之前所属技术领域的普通技术知识，能够获知所属技术领域中所有的现有技术。

具体到本案中，本领域技术人员是指集成电路设计和制造技术领域的技术人员。在本领域中描述两个晶体管的栅极之间距离关系的技术术语是“栅极间距”而不是“栅极层间距”。虽然“栅极层间距”没有采用本领域的标准技术术语，但整体考量本专利权利要求书和说明书的技术内容，

① 国家知识产权局第37129号无效宣告请求审查决定。

本领域的技术人员可以理解“栅极层间距”实质上表达的是“栅极间距”。

从本专利优先权日之前应掌握的普通技术知识的角度来看，本领域技术人员普遍知晓“栅极间距”是指两个相邻晶体管的两个栅极之间的距离。

在本专利的优先权日前，从本领域的技术发展状况来看，随着半导体芯片中集成的晶体管数量的不断增加，半导体工艺已从亚微米工艺、深亚微米工艺、超深亚微米工艺发展到了纳米工艺，相应的半导体工艺尺寸变得越来越小，晶体管的分布更密集。本领域技术人员知晓对于特征尺寸较大的工艺，栅极间距不是需要重点考量的因素，但随着特征尺寸变小，会产生一系列影响器件性能的效应。此时，栅极间距便成为表征晶体管技术的关键指标，成为电路设计时需要重点考量的因素之一。以本专利的优先权日为时间点，从本领域技术人员应具备的能力角度来看，在设计和制备特征尺寸较小的电路结构时，必须考量包括栅极间距在内的关键指标，根据电路结构、设计规则和工艺条件等合理布局安排各晶体管的结构以及栅极间距，才能获得满足设计要求和产品性能的电路结构。

综合考量本领域通用的含义、本领域的技术发展状况、本领域技术人员应掌握的普通技术知识和应具备的能力，并结合说明书的记载和相应的图示，“根据栅极层间距来安排第一栅极层”的含义是清楚的。

事实上，无论是在授权确权程序还是在侵权程序中，权利要求保护范围的认定都是得出正确结论的基础。确权程序准确界定权利要求的保护范围，为后续侵权程序判定得出正确结论奠定了基础，它作为授权程序和侵权程序之间的重要环节，在纠正不当授权和确认权利效力、助力专利权保护、有效衔接不同程序等方面发挥着重要作用。

（二）判断客体——技术方案

如前所述，确定权利要求保护范围的主体是本领域技术人员，那么在确定权利要求的保护范围时，其基础就是权利要求书中所记载的技术特征。权利要求技术特征的划分，是确定权利要求的保护范围、进行侵权比对的基础。在进行专利侵权比对时，需要将涉案专利权利要求记载的全部技术特征与被诉侵权的技术方案的技术特征进行比较，即需要对涉案专利权利要求的技术特征进行划分，然后再对各项技术特征逐一进行比较①。

但是，就具体案件而言，该如何适当划分权利要求的技术特征，往往会产生很大争议。下面的案例有助于理解如何站位本领域技术人员去划分权利要求中所记载的技术特征。

在张某与大易工贸公司等侵犯专利权纠纷一案②中，涉案专利号为CN2774586Y，最高人民法院给出了划分权利要求的技术特征的具体思路。

涉案专利权利要求请求保护一种拳击训练器，独立权利要求1具体为："一种用于拳击运动训练的多功能程控拳击训练器，该训练器包含五个靶标、测力传感器、指示灯、显示器、语音处理芯片和音乐芯片及放音部件、一个折叠键盘、一个遥控器和遥控接收器、一个或几个步进电机和相应驱动器，上述电路由一个单片机控制，其特征在于：……"特征部分对于所述多功能程控拳击训练器的运行方式进行了具体描述。

对于权利要求中的特征："该训练器包含五个靶标"，说明书中相应的记载为：本方案的板式拳击训练器，主要包括有底板（1）和面板（2），在面板（2）上有按头、胸、腹部位排列的五个靶位，在每个靶位内装有靶标。

被诉侵权产品对应的技术特征为九个靶标，依照其产品说明书记载，分为"左头击打部位、右头击打部位、左臂击打部位、右臂击打部位、左肋击打部位、右肋击打部位、腹部击打部位、左胯击打部位、右跨击打部位"。专利权人认为涉案专利五个靶标与被诉侵权产品的九个靶标属于等同特征。表面上看起来，确实靶标数量不同，也无法等同。

对此，最高人民法院认为：涉案专利和被诉侵权产品的靶标数量虽然不同，涉案专利在权利要求中记载的文字为"五个靶标"，侵权产品为"九个靶标"，但由于涉案专利的每一个靶标在击打时单独发挥作用，从其该技术特征所要解决的技术问题和其要达到的技术效果分析来看，不能将五个靶标作为一个技术特征来考虑，应当将其分解为头部靶标、腹部靶标和腰部靶标来考虑。被诉侵权产品包含了头部靶标和腹部靶标，其胯部靶

---

① 大岭先生. 权利要求技术特征的划分［EB/OL］.（2018－05－24）［2020－04－08］. https：//mp. weixin. qq. com/s/IBmCtnR9d4LMRPxP7Q8HEA.

② （2012）民申字第137号。

标与涉案专利的腰部靶标在功能效果上是等同的，因此应当认定被诉侵权技术方案包含涉案专利五个靶标的相同或等同技术特征。一审法院认为涉案专利“五个靶标”的技术特征与被诉侵权产品“九个靶标”的技术特征不等同属于适用法律错误，二审法院未予纠正亦属不当。

适当的划分权利要求，这关系到是否构成相同或者等同的技术特征。如果技术特征划分过细，则在侵权比对时容易因被诉侵权技术方案缺乏该技术特征而错误认定侵权不成立，不适当地限缩了专利保护范围；如果技术特征划分过宽，则在侵权比对时容易忽略某个技术特征而错误认定侵权成立，不适当地扩大了专利保护范围。①

在划分权利要求的技术特征时，要站位本领域技术人员，具体分析技术特征所要解决的技术问题和其达到的技术效果，一般应把能够实现一种相对独立的技术功能的技术单元作为一个技术特征，不宜把实现不同技术功能的多个技术单元划定为一个技术特征。

第四节　专利侵权判定原则

一、全面覆盖原则

《最高人民法院关于审理专利纠纷案件适用法律问题的若干规定》第17条第1款：“专利法第五十九条第一款所称的‘发明或者实用新型专利权的保护范围以其权利要求的内容为准，说明书及附图可以用于解释权利要求的内容’，是指专利权的保护范围应当以权利要求记载的全部技术特征所确定的范围为准，也包括与该技术特征相等同的特征所确定的范围。”

《最高人民法院关于审理侵犯专利权纠纷案件应用法律若干问题的解释》第7条：“人民法院判定被诉侵权技术方案是否落入专利权的保护范

① 大岭先生．权利要求技术特征的划分［EB/OL］．（2018－05－24）［2020－04－08］．https：//mp. weixin. qq. com/s/IBmCtnR9d4LMRPxP7Q8HEA.

围，应当审查权利人主张的权利要求所记载的全部技术特征。被诉侵权技术方案包含与权利要求记载的全部技术特征相同或者等同的技术特征的，人民法院应当认定其落入专利权的保护范围；被诉侵权技术方案的技术特征与权利要求记载的全部技术特征相比，缺少权利要求记载的一个以上的技术特征，或者有一个以上技术特征不相同也不等同的，人民法院应当认定其没有落入专利权的保护范围。”

在中国专利制度实施之初，有些专利申请人由于经验不足，把非必要技术特征写在权利要求中，专利权利要求写得过窄。为了给专利权人有效和充分地保护，我国法院在司法中创立了多余指定原则和改劣实施论。多余指定原则认为，被控侵权物中即使缺少专利权利要求的一个技术特征，如果该特征可以认定为非必要技术特征，仍可以认定构成侵权。改劣实施论认为，被控侵权人故意改变或减少权利要求中的一个技术特征，使被控侵权物在性能和效果上明显劣于专利技术，仍应当适用等同原则认定为构成侵权。这两种做法的共同点是在被控侵权物缺少一个技术特征时，仍可以认定构成侵权。不同点是，“多余指定原则”适用的前提是缺少的技术特征不是必要技术特征；“改劣实施论”适用的前提是被控侵权人故意改变或减少该技术特征，并导致被控侵权物在性能和效果上明显劣于专利技术。

在（2009）民提字第 83 号判决中，涉及“高层建筑无水箱直连供暖的排气断流装置”和“高层建筑无水箱直连供暖系统的阻旋器”两项实用新型专利，经过技术比对，被控侵权产品与涉案专利的区别在于：没有内设有呈“十”字垂直排列的止旋板，但设有集气罩。一审法院认为，被控侵权方的缓冲器没有环绕螺纹导向板，不能像专利那样强化膜流运动的形成，降低了减压、减速的效果，是变劣的技术特征。被控侵权方的分气器集气罩与专利中的止旋板相比，仅靠摩擦阻力阻旋的效果不如专利中止旋板的阻旋效果好。在性能、效果上，被控侵权产品均不如专利技术优越，是变劣的技术方案。被控侵权方省略了专利的必要技术特征，导致整个技术方案的性能、效果变劣。根据等同原则，被控侵权方生产销售的产品落入涉案专利权的保护范围。二审法院认同一审法院有关被控侵权产品属于改劣方案并构成等同侵权的认定，遂判决驳回上诉，维持原判[①]。

最高人民法院判决认为，在判断被控侵权技术方案是否落入专利权保护范围时，人民法院应当将被诉侵权技术方案的技术特征与专利权利要求记载的全部技术特征进行对比。如果被控侵权技术方案缺少权利要求记载的一个或者一个以上的技术特征，或者被控侵权技术方案有一个或者一个以上的技术特征与权利要求记载的相应技术特征不相同也不等同，那么人民法院应当认定被控侵权技术方案没有落入专利权的保护范围。不应考虑被控侵权技术方案是否因缺少某专利技术特征而导致技术功能或效果的变劣。因此，被控侵权技术方案没有落入专利权的保护范围。

2009 年，在专利侵权判定中首次明确采用全面覆盖原则，人民法院对权利人主张的权利要求所记载的全部技术特征均要进行审查。权利人所主张的权利要求的保护范围由其全部技术特征所确定，不再对技术特征是否必要进行甄别。全面覆盖原则确保了权利要求的公示效力，使得社会公众可以明确权利要求的保护范围。只有对权利要求书所记载的全部技术特征给予全面、充分地尊重，社会公众才不会因权利要求内容不可预见的变动而无所适从，从而保障法律权利的确定性。

二、等同原则

随着科技的不断进步，侵权方式也越来越多样化，如果仅需将专利权人公开的技术方案中的技术特征进行少许改变或者用可替代的简单产品就可以实现与专利所保护技术方案相同的技术效果，那么这对于专利权人是不公平的，损害了专利权人的积极性。在适用全面覆盖原则无法解决此类行为时，为平衡专利权人和社会公众之间的利益、促进专利制度发展，产生了等同原则。等同原则在司法实践中是最常用的原则，已得到世界各国的认可。

《最高人民法院关于审理专利纠纷案件适用法律问题的若干规定》第 17 条规定：“专利法第五十九条第一款所称的‘发明或者实用新型专利权的

① （2009）民提字第 83 号。

保护范围以其权利要求的内容为准，说明书及附图可以用于解释权利要求的内容'，是指专利权的保护范围应当以权利要求记载的全部技术特征所确定的范围为准，也包括与该技术特征相等同的特征所确定的范围。等同特征，是指与所记载的技术特征以基本相同的手段，实现基本相同的功能，达到基本相同的效果，并且本领域普通技术人员在被诉侵权行为发生时无需经过创造性劳动就能够联想到的特征。”等同原则可以简化为，若手段、功能和效果三者相同，则认为侵权成立。下文我们通过一个具体的案例来分析专利侵权司法实践中等同原则的适用。

本案①的基本案情是：竞业公司系名称为“玻璃钢夹砂顶管”的实用新型专利（以下简称“涉案专利”）的专利权人。涉案专利的权利要求 1 为：“一种玻璃钢夹砂顶管，它由管头、管身以及管尾组成，管头和管尾管径一致，管尾连接部设有密封用套环，管头、管尾通过套环连接，其特征在于：所述的管头、管身以及管尾采用树脂基体，管身设有两维以上方向绕制的纤维层以及石英夹砂层，管头和管尾设有为两维以上方向绕制的纤维层，所述的套环紧密设置在管头或管尾外壁的凹台内。”一审法院认为，被诉侵权产品的技术特征“插口的管外径小于承口的管外径，有锥度”与涉案专利中的技术特征“管头和管尾管径一致”构成等同，被诉侵权产品落入涉案专利权的保护范围，遂判决永昌公司承担侵权责任。

二审法院认为，涉案专利“管头和管尾管径一致”是指：管头和管尾的管内径一致、管头和管尾的管外径一致。被诉侵权产品的承口、插口分别对应于涉案专利中的管头和管尾，其中插口与承口的管内径一致，但插口的管外径小于承口的管外径，与涉案专利不同。并且正是基于该不同，导致两者所实现的功能、达到的技术效果均不相同，该技术特征亦非本领域的普通技术人员无须付出创造性劳动就能联想到的特征，故两者不构成等同，被诉侵权产品未落入涉案专利权的保护范围，不构成侵权。遂判决撤销一审判决，驳回竞业公司的诉讼请求。竞业公司不服二审判决，向最高人民法院申请再审。

最高人民法院审查认定：被诉侵权产品中插口、承口的管内径虽然一

① （2010）民申字第 181 号。

致，但是二者的管外径并不一致，具体表现为承口管外径上设有用于安装钢套环的水平凹台，并且承口管外径与钢套环紧密配合；而插口管外径呈不规则台阶状。虽然现有技术中已经公开了注浆减阻的工作原理以及注浆孔、台阶状管外径等技术特征，本领域的普通技术人员在顶管施工中为了实现注浆减阻的目的，能够在现有技术所给出的技术启示下，显而易见地想到被诉侵权产品中的注浆孔以及插口管外径呈不规则台阶状等技术特征，无须付出创造性劳动。但是，由于被诉侵权产品中的插口管外径呈不规则台阶状，一方面导致插口管外径与钢套环之间并不能紧密配合，无法实现增强管道连接密封性的功能和效果；另一方面能够在管外径与钢套环之间形成供减阻砂浆通过的环形空间，使得从注浆孔中注入的减阻砂浆可以经由该环形空间均匀分布在管道周围，形成润滑套，实现减少管道外壁与土壤间的摩擦阻力，提高管道顶进效率的有益功能和效果。因此，被诉侵权产品中技术特征“插口管外径呈不规则台阶状”所实现的功能和效果，与权利要求 1 中“管头和管尾管径一致”所实现的功能和效果具有实质性差异，二者不属于等同的技术特征，被诉侵权产品没有落入涉案专利权的保护范围①。

在判断被诉侵权产品的技术特征与专利技术特征是否等同时，不仅要考虑被诉侵权产品的技术特征是否属于本领域的普通技术人员无须经过创造性劳动就能够联想到的技术特征，还要考虑被诉侵权产品的技术特征与专利技术特征相比，是否属于基本相同的技术手段、实现基本相同的功能、达到基本相同的效果，只有以上两个方面的条件同时具备，才能够认定二者属于等同的技术特征。

三、禁止反悔原则

专利法领域的禁止反悔原则起源于美国专利侵权的司法实践，一般认为其和等同侵权原则互为补充，在确定专利权保护范围方面发挥了巨大作用。尽管我国《专利法》中没有关于该原则的规定，但是在司法实践中已

① （2010）民申字第 181 号。

经普遍适用。2001 年北京高级人民法院出台的《专利侵权判定若干问题的意见（试行)》首次对禁止反悔原则的适用条件、适用主体和适用范围等问题进行了详细规定。2009 年发布的《最高人民法院关于审理侵犯专利权纠纷案件应用法律若干问题的解释》第 6 条对禁止反悔原则进行了具体规定：“专利申请人、专利权人在专利授权或者无效宣告程序中，通过对权利要求、说明书的修改或者意见陈述而放弃的技术方案，权利人在侵犯专利权纠纷案件中又将其纳入专利权保护范围的，人民法院不予支持。”

2016 年《最高人民法院关于审理侵犯专利权纠纷案件应用法律若干问题的解释（二)》第 13 条对禁止反悔原则又进行了补充规定：“权利人证明专利申请人、专利权人在专利授权确权程序中对权利要求书、说明书及附图的限缩性修改或者陈述被明确否定的，人民法院应当认定该修改或者陈述未导致技术方案的放弃。”其强调在专利授权或者确权程序中，被审查员明确否定的修改或者陈述不会导致保护范围的缩小。

根据上文的司法解释，禁止反悔适用于“被放弃的技术方案”，在专利授权或确权程序中，申请人为了获得专利权或是维持自己的专利权有效，会对自己的专利申请或专利文件进行修改、意见陈述等，只要是这种限制性的修改或者意见陈述，放弃了技术方案且被审查员所接受，就会产生禁止反悔的效果。对于禁止反悔原则，一般通常由当事人主张并且提交证据，但从公平及利益平衡的角度考虑，在被诉侵权人提出禁止反悔原则适用的前提下，法院在一定条件下可以主动适用禁止反悔原则。

下文我们通过一个案例来理解禁止反悔原则在司法审判实践中的具体运用。

在再审申请人孙某某与被申请人任丘市博成水暖器材有限公司、张某某、乔泰达侵害实用新型专利权纠纷案①中，最高人民法院指出，等同原则的适用需要兼顾专利权人和社会公众的利益，且须考虑专利申请与专利侵权时的技术发展水平，合理界定专利权的保护范围。

法院认为，根据孙某某的申请再审事由，博成水暖器材有限公司、张

---

① （2015）民申字第 740 号。

某某的意见以及原审查明的事实，各方对被控侵权产品“一体式盖母进水套上表面为平面”，与涉案专利权利要求中“进水套的上表面呈锥面”这一技术特征不相同均无异议。本案争议焦点为：两者是否构成等同的技术特征，被诉侵权产品是否落入涉案专利权的保护范围。

法院认为，本案中判断被诉侵权产品“一体式盖母进水套上表面呈平面”与涉案专利“进水套上表面呈锥面”的技术特征是否为等同技术特征需考虑以下因素：在判断中应考虑等同原则与专利权保护范围之间的关系，以及专利法律制度规定等同原则的必要性。一方面，在专利侵权判定中，等同原则是对专利权利要求字面保护范围的扩张，是对专利权字面侵权的适当补充，等同原则的适用为专利权人提供了切实有效地法律保护，鼓励了技术创新；另一方面，专利制度本身又要确保专利权的保护范围具有足够的法律确定性和可预见性，不因滥用等同原则致使专利权保护范围缺乏确定性而损害社会公众的利益。因此，等同原则既是专利权保护中一项不可或缺的重要原则和制度，但同时又必须对等同原则的适用施加必要限制，兼顾专利权人和社会公众的利益，既要保护专利权人在现有技术基础上做出的技术贡献，又要促进科学技术的进步。其次，等同原则的适用须考虑专利申请与专利侵权时技术的发展水平，防止对专利技术方案中某些技术特征以专利申请日后新出现的技术进行简单替换而规避侵权的情况，合理界定专利权的保护范围。本案中，涉案专利权利要求 1 和说明书均记载：进水套的上表面呈锥面。这表明，孙某某在申请涉案专利时将其要求保护的技术方案限定为进水套的上表面呈锥面，不是平面，但是锥面或平面均是涉案专利申请时，该领域普通技术人员普遍知晓的技术方案，因此，专利权人将权利要求中该技术特征限定为锥面是将平面排除在涉案专利权的保护范围之外。鉴于此，在侵权判定时，不能将技术特征“锥面”扩张到“平面”予以保护，否则将有损社会公众对专利权保护范围确定性和可预见性的信赖，从而损害社会公众的利益、动摇专利制度的基石。故本案中，被诉侵权产品的技术特征与涉案专利权利要求记载的技术特征相比，并未构成等同的技术特征，被诉侵权产品未落入涉案专利权保护范围。孙某某该项申请再审理由不成立，法院不予支持。

在该案例判决中，法院认为，2009 年 12 月 28 日发布的《最高人民法院关于审理侵犯专利权纠纷案件应用法律若干问题的解释》通过对捐献原则、禁止反悔原则以及全面覆盖原则的明确，结合等同原则的适用对专利权人的权利进行了一定程度的限制，使之与社会公众的利益之间形成了更好的平衡关系。同时，一方面，随着专利制度的进一步普及和发展，专利权人的专利文件撰写水平不断提高，专利行政部门对专利申请文件的撰写要求更为严格，等同原则对于撰写水平较低的专利的保护作用在逐渐减弱；另一方面，人民法院对等同原则的认识更为深刻，对等同原则的适用也更为严格和谨慎。

四、捐献原则

捐献原则是美国法院在专利侵权判断中创立的一种规则。其含义是，说明书中披露的技术方案，专利权人本来应该很容易地写在权利要求中，如果没有写在权利要求中，可视为已捐献给社会，不能再认定属于专利的保护范围。

2009 年发布的《最高人民法院关于审理侵犯专利权纠纷案件应用法律若干问题的解释》第 5 条规定："对于仅在说明书或者附图中描述而在权利要求中未记载的技术方案，权利人在侵犯专利权纠纷案件中将其纳入专利权保护范围的，人民法院不予支持。"一般我们认为这一项规定确立了中国的捐献原则。

是否适用捐献原则，需要在专利权人利益和社会公众利益之间进行平衡，也就是需要在专利的保护功能和公示功能之间进行衡量。当专利权人在说明书中披露了某技术方案，但没有将其写在权利要求中时，如果不适用捐献原则，就有可能将该技术方案认定为等同的技术，这对于专利权人的保护是较充分的。但是在法院作出认定前，社会公众很难预测该技术方案是否属于专利的保护范围，也不能充分实施专利技术或进行规避专利设计。而如果适用捐献原则，本来有可能属于等同范围的技术方案，也会因捐献原则的适用而不能认定侵权。社会公众清楚地知道，写在专利说明书中但没有写在权利要求书中的技术不属于专利保护的范围，从而可以自由使用。当然，这在个案中对专利权人的保护是不严密的。但是专利权人可以汲取教训，在以后撰写权利要求书时不再披露其他的技术方案，或者把说明书中披露的技术全部纳入专利的保护范围。相反，如果允许将说明书披露但未记载在权利要求书中的技术方案纳入等同的范围，是专利权人“两头获利”的行为。因此，捐献原则使专利的保护范围更明确，平衡了专利权人与社会公众的利益，结果更公平，也使权利要求书在界定专利保护范围上具有更强的公示性，虽具有不利于保护专利权人的缺陷，但这一缺陷并非不可克服。①

陈某某与浙江乐雪儿家居用品有限公司、何某某、温某某侵害发明专利权纠纷提审案②是捐献原则在司法审判中的典型案例。

本案的基本案情是：陈某某是名称为“布塑热水袋的加工方法”（专利号为200610049700.5）的专利权人。陈某某诉浙江乐雪儿家居用品有限公司（以下简称乐雪儿公司）等侵犯其涉案专利权。乐雪儿公司主张被诉侵权方法第6、7、8、10步分别与涉案专利权利要求1中的第7、6、11、10步的内容相同，但顺序不同，因而未落入涉案专利权保护范围。

本案一审和二审法院认为，对于上述两个步骤，按照被诉侵权方法的顺序与按照涉案专利权利要求的顺序进行加工，其技术特征及技术效果并无实质区别，故对乐雪儿公司的上述抗辩不予支持，认定乐雪儿公司侵犯了陈某某涉案专利的专利权。

乐雪儿公司不服，向最高人民法院申请再审，其主张：

被诉侵权方法与涉案专利权利要求1的第6、7步和第10、11步的步骤顺序相反，这种步骤顺序的改变产生了不同的技术效果。第6、7步的改变可以节省后一加工工序中被加工产品所占用的空间，提高加工效率，并使产品能够直接进入检测工序。第10、11步的改变使得在充气前无需将塞盖安装好后再取下来进行充气检测，节省了时间，并保证了检测质量。由于涉案专利请求保护的是产品的加工方法，而方法权利要求的步骤本身和步骤之间的顺序均应对专利权的保护范围起到限定作用，且在涉案专利说明书中记载了将第10、11步互换的步骤顺序，根据捐献原则，该说明书中

① 闫文军．专利侵权判断中的捐献原则［J］．中国发明与专利，2019（1）．
② （2013）民提字第225号。

记载的另一步骤顺序不应当纳入涉案专利权的保护范围，故被诉侵权方法在步骤上的改变没有落入涉案专利权的保护范围。

涉案专利权利要求中对第 10、11 步的记载为：

第 10 步：将密封垫片和螺纹塞盖互相装配后旋入螺纹塞座中；

第 11 步：充气试压检验，向热水袋充入压缩空气进行耐压试验……

涉案专利说明书第 3 页关于步骤 10、11 的记载为：

第 10 步：将密封垫片 10 和螺纹塞盖 9 互相装配后旋入螺纹塞座 8 中；但也可以试压后旋入塞盖；

第 11 步：充气试压检验，向热水袋中充入压缩空气进行耐压试验，耐压试验的压力一般为 0.5 kg/cm^2，或者略大于该压力……

从专利文件的说明书中可以明确看出，布塑热水袋的加工方法中，第 10 步和第 11 步的顺序是可以前后调整的。

最高人民法院在再审判决书中指出：

涉案专利权利要求 1 的第 10 步是将密封垫片和螺纹塞盖互相装配后旋入螺纹塞座中；第 11 步是充气试压检验。被诉侵权方法采用的是先充气试压检验，后将密封垫片和螺纹塞盖互相装配后旋入螺纹塞座的步骤。乐雪儿公司主张这种步骤互换所带来的效果是，不需要将螺纹塞座安装好后再取下来进行充气检测，因而可以节省时间，保证检测质量。法院认为，对热水袋进行充气试压检验，需要通过热水袋的口部进行。按照涉案专利权利要求 1 的第 10、11 步的步骤进行操作，在进行充气试压检验前，必须要从螺纹塞座中旋下螺纹塞盖后方能进行，与被诉侵权方法所采取的先试压检验后再装配螺纹塞盖的步骤相比，这种操作步骤实质上是增加了充气试压检验的操作环节，导致操作时间延长，效率降低。故将第 10、11 步的步骤调换后，确实产生了如乐雪儿公司主张的减少操作环节、节约时间、提高效率的技术效果，因此这种步骤互换所产生的技术效果上的差异是实质性的，调换后的步骤与涉案专利权利要求 1 的第 10、11 步不构成等同技术特征。

陈某某主张，涉案专利说明书已经记载了步骤 10、11 的顺序可以调换，权利要求 1 并未排除说明书中记载的这一技术方案，因此调换步骤的技术方案应当纳入涉案专利权的保护范围，对本案不应适用捐献原则。

法院认为，准确确定专利权的保护范围不仅是为专利权人提供有效法律保护的需要，也是尊重权利要求的公示和划界作用，维护社会公众信赖利益的需要。在权利要求解释中确立捐献原则，就是对专利的保护功能和公示功能进行利益衡量的产物。该规则的含义是，对于在专利说明书中记载而未反映在权利要求中的技术方案，不能包括在权利要求的保护范围之内。对于在说明书中披露而未写入权利要求的技术方案，如果不适用捐献原则，虽然对专利权人的保护是较为充分的，但这一方面会给专利申请人规避对较宽范围的权利要求的审查提供便利，另一方面会降低权利要求的划界作用，使专利权保护范围的确定成为一件过于灵活和不确定的事情，增加了公众预测专利权保护范围的难度，不利于专利公示作用的发挥以及公众利益的维护。涉案专利说明书在第 3 页中明确记载了第 10、11 步的步骤可以调换，而这一调换后的步骤并未体现在权利要求中，因此调换后的步骤不能纳入涉案专利权的保护范围，乐雪儿公司关于第 10、11 步的步骤调换方案应适用捐献原则的主张依法有据，法院予以支持。

最终，最高人民法院认定乐雪儿公司生产被诉侵权产品的方法没有侵犯涉案专利权。

第五节　证据准备

一、证据种类

按照《民事诉讼法》的规定：当事人对自己提出的主张，有责任提供证据。当事人及其诉讼代理人因客观原因不能自行收集的证据，或者人民法院认为审理案件需要的证据，人民法院应当调查收集。人民法院应当按照法定程序，全面地、客观地审查核实证据。

对于专利侵权诉讼，原告需要举证证明的事实很多，直接影响到诉讼结果，因此证据的准备对于原告来说十分重要。根据《民事诉讼法》的相关规定，从证据的载体形式和证据产生的原因，将证据分成如下几类：

（1）当事人陈述；

（2）书证；

（3）物证；

（4）视听资料；

（5）电子数据；

（6）证人证言；

（7）鉴定意见；

（8）勘验笔录[①]。

上述证据也是专利侵权诉讼中的常见证据形式。比如在专利申请审查过程中，针对审查意见通知书所指出的权利要求中某个技术术语不清楚导致权利要求保护范围不清楚的问题，申请人在答复审查意见陈述书中进行了具体说明及澄清，那么在后续的专利侵权判断中，该意见陈述即作为判断权利要求保护范围的证据。比如专利文本、专利证书、专利登记簿等就是最常见的书证。专利侵权诉讼中最常见的物证就是被诉侵权产品，一般是从市场上采购得到。视听资料和电子数据之类的证据一般常见于被控侵权方的许诺销售行为中，比如以视听资料形式推出的在线电子广告。证人证言也是常见的证据形式，在实践中证人证言需要通过质证并且和其他证据配合形成证据链后，经查证属实才会采纳，其证明力度相对书证、物证等来说要低。在专利侵权诉讼中，由于涉及技术问题的处理和认定，当事人一般会寻求专业技术机构或者司法鉴定机构的帮助，出具鉴定意见。勘验笔录是法院指派的勘验人员对专利案件的诉讼标的物和有关证据进行勘验调查所做的记录，常见于方法类专利的侵权诉讼案件。

二、证据分类

一般来说，专利侵权诉讼证据包括专利权利证据、专利侵权证据和专利侵权诉讼赔偿证据。

专利权利证据一般包括原告主体资格证明以及专利权合法有效证据。

---

① 徐申明．中国专利侵权诉讼实务［M］．北京：知识产权出版社，2019：22.

（一）原告主体资格证明

一般是指原告用以证明自己拥有专利权或者专利许可使用权的证据，如果原告不是专利权人，比如原告为独占实施许可的，需提交独占实施许可合同；属于排他实施许可的，需提交排他实施许可合同和专利权人不起诉的证据；如果属于普通实施许可的，提交普通实施许可合同和专利权人授权被许可人起诉的证据。总之，原告主体资格证明就是原告需要证明自身具有起诉的资格。①

（二）专利权合法有效证据

一般包括专利证书、专利登记簿副本、专利授权公告文本。专利证书记载的是专利授权时的权属状况，反映的是专利授权时的法律状态，而专利登记簿副本记载的是专利权的即时状态，包括专利权的转让、许可、无效等，专利登记簿副本是在专利授权时由国家知识产权局所建立，因此为了证明专利权的权属，在起诉时需要提供专利登记簿副本来证明该专利的最新法律状态。专利授权公告文本，对于发明或者实用新型来说为权利要求书、说明书、说明书摘要、说明书附图和摘要附图（如果有），外观设计为授权公告的图片或照片及其简要说明。

对于实用新型专利和外观设计专利，通常原告会提交实用新型专利权或者外观设计专利权的评价报告。《专利法》第 66 条第 2 款规定：专利侵权纠纷涉及实用新型专利或者外观设计专利的，人民法院或者管理专利工作的部门可以要求专利权人或者利害关系人出具由国务院专利行政部门对相关实用新型或者外观设计进行检索、分析和评价后作出的专利权评价报告，作为审理、处理专利侵权纠纷的证据；专利权人、利害关系人或者被控侵权人也可以主动出具专利权评价报告。但是，专利权评价报告不是提起专利侵权诉讼立案的必要证据，这是由于我国实用新型和外观设计专利申请采用的初审制授权，其授权前没有经过实审，专利权评价报告仅是其专利权有效性的初步证据，而不能作为原告提出侵权诉讼的必要条件。

---

① 徐申明. 中国专利侵权诉讼实务［M］. 北京：知识产权出版社，2019：22.

在实践中，实用新型或外观设计专利权人在提起侵权诉讼时，同时会向法院提交专利权评价报告，一方面专利权人通过专利权评价报告可以确定其专利稳定性程度，另一方面通过专利权评价报告可以提升法官对专利权的信心。

（三）专利侵权证据

根据专利侵权行为的不同，专利侵权证据也有所不同。产品侵权的证据通常包括：①被控侵权的实物样品；②购买被控侵权实物样品的凭证，一般指购买发票；③被控侵权产品的使用说明书；④鉴定意见或者技术分析报告，用于正面被控侵权产品落入了专利权的保护范围。

而对于方法侵权诉讼来说，对于产品或者设备的制备方法，由于产品是被控侵权方所制造的，在实践中很难获取相关的证据，而且取证也相对困难，最有效的方法是申请证据保全，通过人民法院的现场证据保全取得相关证据。

（四）专利侵权赔偿证据

根据《专利法》第 71 条的规定，专利侵权赔偿额的计算方式，具体如下。

（1）权利人实际损失。

根据专利法及相关司法解释，专利权人的实际损失可以根据专利产品减少的销量（也可以侵权产品销售量替代）乘以每件专利产品的合法利润计算。

（2）侵权人非法获利。

侵权人非法获利可以根据侵权产品销量乘以每件侵权产品的合理利润计算，对于完全以侵权为业的侵权人，可以按照销售利润计算。

（3）专利许可使用费的合理倍数。

对于专利许可使用费的合理倍数，权利人除需证明专利许可使用费外，还应提交能够证明专利权的类型、侵权行为的性质和情节、专利许可的性质、范围、时间等因素的证据。

（4）法定赔偿。

如适用法定赔偿，权利人则需提供用以证明专利权的类型、侵权行为的性质和情节的证据，如侵权人主观过错、侵权持续期间、地域范围、获利等因素。[①] 根据2020年修改的《专利法》规定：权利人的损失、侵权人获得的利益和专利许可使用费均难以确定的，人民法院可以根据专利权的类型、侵权行为的性质和情节等因素，确定给予三万元以上五百万元以下的赔偿。

三、举证责任

一般在专利侵权诉讼中，对于举证责任的划分基本按照民事诉讼法的规定，即“谁主张，谁举证”。但是对于一些方法类侵权案件，客观上原告获得侵权证据十分困难，如果再使用基本举证责任，则原告几乎无胜诉可能。对于此类案件的举证，法律会根据当事人对接近证据和取得证据的难易程度划分举证责任，通常会要求被控侵权方进行举证，即为举证责任倒置。这一点在《专利法》第66条中明确规定：“专利侵权纠纷涉及新产品制造方法的发明专利的，制造同样产品的单位或者个人应当提供其产品制造方法不同于专利方法的证明。”

那么究竟举证责任倒置在专利侵权诉讼中如何运用？是否举证责任倒置，权利人就可以不负任何举证责任？权利人和被控侵权人的举证责任如何分配呢？

《专利法》中明确了方法专利侵权纠纷中实行举证责任倒置，但是对于是否属于“新产品”的举证责任仍然在权利人。也就是说，权利人需要承担初步的举证责任：证明依照专利方法制造的产品属于新产品，然后还需要证明被诉侵权人制造的产品与依照专利方法制造的产品属于同样的产品。

对于新产品，《最高人民法院关于审理侵犯专利权纠纷案件应用法律若干问题的解释》中规定：产品或者制造产品的技术方案在专利申请日以

---

① 陈际红，王桂香. 专利运营实战解码丛书：专利保护［M］. 北京：知识产权出版社，2018：184－185.

前为国内外公众所知的，人民法院应当认定该产品不属于专利法第61条第1款规定的新产品。即如果产品本身或者制造产品的技术方案中有一项在专利的申请日之前已经为国内外公众所知的，该产品就不属于新产品。然后，权利人需要对方法专利形成的产品与被控侵权产品是否相同进行举证，最后由法院判断权利人初步举证是否完成，决定是否进行举证责任倒置。

在举证责任倒置后，被控侵权人应证明其制造方法不同于原告的专利方法，根据全面覆盖原则，只有被控侵权人制造方法全部落入原告的权利要求范围才会侵犯原告专利权。如果被控侵权人需证明其没有侵犯原告专利权，只要就不同于原告方法专利的某一技术特征进行举证即可，无须披露其完整的制造方法，这样，被控侵权人也能够保护自身的商业秘密不受到损失。

四、诉前禁令

对于专利侵权诉讼案件来说，由于其往往经过一审、二审到最终判决生效，一般至少需要花费半年甚至数年时间，如果最终专利权人胜诉，过长的专利侵权案件诉讼时间会给专利权人带来无法挽回的损失，因此我国《专利法》第72条中规定：专利权人或者利害关系人有证据证明他人正在实施或者即将实施侵犯专利权、妨碍其实现权利的行为，如不及时制止将会使其合法权益受到难以弥补的损害的，可以在起诉前依法向人民法院申请采取财产保全、责令作出一定行为或者禁止作出一定行为的措施。这便是专利侵权诉讼中的诉前禁令，目的在于强化对专利权人的保护。①

从法律条文的规定中我们可以看出，诉前禁令的申请人一般为专利权人或其利害关系人，是专利权人或其利害关系人单方面在起诉前向法院提出的，此时被控侵权人的侵权行为尚未经过人民法院的审理查明，诉前禁令一经实施将对被控侵权人的生产、销售产生极大影响，因此申请人必须提出合法合理理由。同时，提出诉前禁令的申请人必须提供相应的担保，一旦被控侵权人的侵权行为不成立，提出诉前禁令的申请人需要弥补被控

---

① 徐申明. 中国专利侵权诉讼实务［M］. 北京：知识产权出版社，2017：109.

侵权人因为诉前禁令形成的损失。

对于想要提出诉前禁令的申请人来说，其需要按照法律规定明确自身是否具有诉前禁令的提出资格、申请诉前禁令的理由是否正确，然后选择管辖法院并准备具体的申请书。对于法院来说，最重要的一点就是担保金额的确定，按照《最高人民法院关于对诉前停止侵犯专利权行为适用法律问题的若干规定》，人民法院确定诉前禁令的担保金额需要考虑以下主要因素。

（1）责令停止有关行为所涉及产品的销售收入，以及合理的仓储、保管等费用。

（2）被申请人停止有关行为可能造成的损失，以及人员工资等合理费用支出①。

（3）其他因素。

对于被申请人来说，如果收到法院裁定的诉前禁令，一般来说应对措施主要包括申请复议和追加担保，申请复议主要从不侵权的理由、即使侵权也不会对申请人的合法权益造成难以弥补的损失两个方面提出主张，最好附上相关证据；追加担保主要是被申请人因执行禁令造成更大损失的，可要求申请人对诉前禁令增加担保，人民法院可以责令申请人追加相应的担保。如果申请人不追加担保，将解除有关停止措施，这样一方面可以增加申请人的压力，另一方面如果最终侵权不成立，担保费用的增加可以更好地弥补被申请人自身的经济损失②。

第六节　专利侵权纠纷应对原则

一、先用权抗辩

《专利法》规定，有下列情形之一的，不视为侵犯专利权：在专利申

① 徐申明. 中国专利侵权诉讼实务［M］. 北京：知识产权出版社，2017：112.

② 徐申明. 中国专利侵权诉讼实务［M］. 北京：知识产权出版社，2017：114－115.

请日前已经制造相同产品、使用相同方法或者已经作好制造、使用的必要准备，并且仅在原有范围内继续制造、使用的。

《最高人民法院关于审理侵犯专利权纠纷案件应用法律若干问题的解释》规定：被诉侵权人以非法获得的技术或者设计主张先用权抗辩的，人民法院不予支持。有下列情形之一的，人民法院应当认定属于专利法规定的已经作好制造、使用的必要准备：①已经完成实施发明创造所必需的主要技术图纸或者工艺文件；②已经制造或者购买实施发明创造所必需的主要设备或者原材料。

《专利法》规定的原有范围，包括专利申请日前已有的生产规模以及利用已有的生产设备或者根据已有的生产准备可以达到的生产规模。

先用权人在专利申请日后将其已经实施或作好实施必要准备的技术或设计转让或者许可他人实施，被诉侵权人主张该实施行为属于在原有范围内继续实施的，人民法院不予支持，但该技术或设计与原有企业一并转让或者承继的除外。

专利侵权的先用权抗辩，在法理上非常好理解，但是，在实务上证明责任很重，成功进行抗辩非常困难。如果未经充分准备就贸然进行先用权抗辩，很有可能非但没有成功抗辩，反而构成自认侵权，造成非常被动的局面。

根据《专利法》第75条，《最高人民法院关于审理侵犯专利权纠纷案件应用法律若干问题的解释》第15条规定，判断先用权抗辩是否成立应当考察以下四个条件：先用权人是否在专利申请日前已经制造出相关产品；相关产品是否属于相同产品；先用技术是否系先用权人自行研发或以其他合法手段获得；先用权人是否在原有范围内继续制造。

因此，为了有力证明享有先用权，应该注意以下事项①。

（1）证据包括四类：先用权人是否在专利申请日前已经制造出相关产品；相关产品是否属于相同产品；先用技术是否系先用权人自行研发或以其他合法手段获得；先用权人是否在原有范围内继续制造。

---

① 大岭先生．如何成功进行专利侵权的先用权抗辩？［EB/OL］．（2019－03－18）［2020－04－08］．https：//mp. weixin. qq. com/s/4yXJk7iC0oTrNGlejzCtOQ.

（2）最好提交由国家机关、权威机构出具的证明材料。

（3）如果难以提交上述类型证据，则要保证相关证明材料充分、翔实、严谨，可以形成证据链条，相互印证，不能出现明显瑕疵。例如，如希望证明专利申请日前已经销售的产品来证明已经制造出相关产品，可以广泛公证销往不同地区、不同类型用户的相关产品，从而提高可信度，因为面对这么广泛的销售，法官会形成伪造证据的可能性很小的心证，从而有效证明确实在专利申请日前就已经制造了相同的产品。

（4）证据不仅要证明在先使用的产品的生产日期，还要具体证明是相同的产品。例如，记载了产品技术方案的检测报告、申报书、产品说明书等，可供拆解的产品实物、拆解照片公证书等。

（5）证明先用权人自行研发或以其他合法手段获得，以及在原有范围内继续制造相对较为容易，但是也要注意不能遗漏这两类证据。

二、现有技术抗辩

《专利法》规定，在专利侵权纠纷中，被控侵权人有证据证明其实施的技术或者设计属于现有技术或者现有设计的，不构成侵犯专利权。这类专利侵权抗辩方式称为现有技术抗辩。

根据《最高人民法院关于审理侵犯专利权纠纷案件应用法律若干问题的解释（二）》第22条：对于被诉侵权人主张的现有技术抗辩或者现有设计抗辩，人民法院应当依照专利申请日时施行的专利法界定现有技术或者现有设计。由于我国在2008年修改《专利法》涉及现有技术定义的修改，具体表现为：

2008年修订前的《专利法》中，现有技术是指申请日有（优先权的，指优先权日）前在国内外出版物上公开发表、在国内使用公开或者以其他方式为公众所知的技术，不包括在国外公开使用的技术。

2008年修订《专利法》后，现有技术实质申请日以前在国内外为公众所知的技术。具体是指在申请日（有优先权的，指优先权日）前在国内外为公众所知的技术。其包括在申请日（有优先权的，指优先权日）前在国内外出版物上公开发表、在国内外公开使用或者以其他方式为公众所知的技术，即2008年修改专利法后，使用公开也不分国内外，均适用。同时，现有技术应当是在申请日以前处于公众能够得知的状态，并且包含能够是公众得知实质性技术知识的内容。应当注意，处于保密状态的技术内容不属于现有技术。保密状态不仅包括受保密规定或者协议约束的情形，还包括社会观念或者商业习惯上被认为应当承担保密义务的情形，如果负有保密义务的人违反规定、协议等泄露秘密，导致技术内容被公开，使其处于公众能够得知的状态，这些技术也就构成了现有技术的一部分。

根据《最高人民法院关于审理侵犯专利权纠纷案件应用法律若干问题的解释》第14条：被诉落入专利权保护范围的全部技术特征，与一项现有技术方案中的相应技术特征相同或者无实质性差异的，人民法院应当认定被诉侵权人实施的技术属于专利法第62条规定的现有技术。被诉侵权设计与一个现有设计相同或者无实质性差异的，人民法院应当认定被诉侵权人实施的设计属于专利法第62条规定的现有设计。

从上述司法解释中我们可以明确在运用现有技术抗辩时需要注意以下几方面。

第一，现有技术抗辩应当将被控侵权技术方案与现有技术进行比对，而不是将现有技术与专利权所保护的技术方案进行比对，一定要注意比较对象上的区别。

第二，在进行技术比对时，注意是将被控侵权技术方案与一项现有技术方案进行比对，而不能与多项现有技术方案的组合进行比对。这一点与发明专利实质审查新颖性判断中的单独比对原则比较类似，不同于创造性判断中的可以多篇对比文件结合比对。对于被控侵权方案是现有技术与公知常识的简单组合时，如果两者组合仅仅是简单叠加，组合之后的特征之间相互之间无关联，技术效果也是两者的叠加，或者公知常识的应用仅仅是常规技术发展的必然，也认定现有技术抗辩成立。

第三，被控侵权技术方案与一项现有技术方案应当相同或者无实质性差异。相同的判断标准本书不再赘述，对于无实质性差异的理解，一般在实践中可以参考等同原则的判定方法，即采用“相同或等同标准”，这也是在长期的司法实践中逐步总结提炼出来适于法院进行判断的原则。

在现有技术抗辩的审查时，要以专利权利要求为对照，确定被诉侵权技术方案中被指控落入了专利权保护范围的技术特征，并判断现有技术中是否公开了相同或等同的技术特征。现有技术抗辩的成立，并不要求被控侵权技术方案与现有技术完全相同，对于被诉侵权产品中与专利权保护范围无关的技术方案，在判断现有技术抗辩是否成立时不予考虑。

以下通过一个具体的案例来阐释现有技术抗辩在司法实践中的运用。

1999 年 6 月 1 日，王某某就其“智能型家用自动豆浆机”向国家知识产权局申请发明专利，于 2001 年 12 月 5 日获得授权：专利号 ZL99112253.4，授权公告号 CN1075720C，专利权人王某某。权利要求书的独立权利要求的主题为：一种智能型家用全自动豆浆机，其主要的技术特征在于装有温度传感头的温度测定棒以及温度传感器。2001 年 12 月 8 日，王某某与山东九阳小家电有限公司签订一份专利实施许可合同，并将上述专利在全国范围内独家许可山东九阳家电有限公司实施，许可期限同专利有效期，许可费 300 万元。双方已将该合同在国家知识产权局进行了备案。但帅佳公司和西贝乐公司生产的四种型号的西贝乐牌豆浆机与上述权利要求限定的技术方案相同，同时在网站 www.xibeile.com 上对以上型号豆浆机进行了展示①。

帅佳公司和西贝乐公司在一审进行中提交了 6 份中国专利文献，该 6 份专利文献均是由国家知识产权局在王某某涉案发明专利申请日以前公开。二公司声称被控侵权豆浆机的必要技术就来自于上述的专利文献，因此对原告的诉求提出现有技术进行抗辩。

济南市中级人民法院审理后认为，王某某的涉案发明专利经过实质审查并得以授权，其获得专利权的效力是很高的，这也说明在原告申请此发明专利之前，国内外不存在任何方式让公众知悉此技术，这也表明了原告的专利技术同申请日以前的技术相比具有突出的实质特点和显著进步。两被告所提交的 6 份中国专利文献均是由国家知识产权局在王某某涉案发明专利申请日以前公开，相对王某某的涉案专利而言，文献记载的技术显然属于现有技术，二者不同，涉案专利具有突出的实质特点和显著进步。故有关被控侵权产品的技术来源于现有技术的主张不成立。帅佳公司、西贝

① 山东省高级人民法院民事判决书，(2007) 鲁民终字第 38 号。

乐公司不服一审判决，遂向山东省高级人民法院提起上诉。

山东省高级人民法院审查认为，首先，上诉人帅佳公司、西贝乐公司主张其提供的对比文件 1 即“全自动豆浆机实用新型专利说明书”中公开了涉案专利权要求 1 中前序部分的技术特征。对此，经审查认为，涉案专利权利要求 1 前序部分特征 6“在机头上设置电源插座 13”在对比文件 1 中并没有体现，特征 9“电热器和防溢探头固定在下盖下部”在对比文件 1 中并没有公开。其次，上诉人主张涉案专利特征部分即“温度传感器、温度测定棒、传感头以及连接上述元素的控制线路板”，在对比文件 2 和对比文件 3 中分别全部出现。对此，经审查认为，对比文件 2 中记载的是“在杯 4 的侧壁上有温敏电阻 10”，与涉案专利技术相比，该温敏电阻存在三个方面的差异，一是安装位置不同，二是结构有区别，三是在测定豆浆温度的效果上存在明显差异，因此温敏电阻与涉案专利技术不能认为是简单的技术替代。通过审查对比文件 3，二审法院认为，对比文件 3 公开的是一种煮豆浆技术，不具有涉案专利所具有的加热、粉碎打浆的功能，同时对比文件 3 中所记载的将温度传感器与液面传感器结合的方案与涉案专利技术也不相同，效果也不尽一致。因此将上诉人提交的 3 份对比文件进行组合，并不能完全覆盖涉案专利权利要求 1 所记载的全部技术特征。因此，涉案专利所记载的技术不能认为是现有技术的简单组合，同时上诉人依据多份对比文件中所记载的技术拆分组合来主张现有技术抗辩也是不成立的。据此，二审法院判决驳回帅佳公司、西贝乐公司的上诉，维持原审法院的判决。

从判决书中我们可以看出，上诉人将多项现有技术进行组合来证明被诉侵权产品的技术方案属于现有技术，在组合时也没有考虑多项技术方案的叠加有没有协同作用。二审法院从被诉侵权产品的技术方案出发，以授权专利权利要求为参照，并针对技术特征进行了分析比对，最终二审法院做出上诉人依据多份对比文件中所记载的技术拆分组合来主张现有技术抗辩不成立的判决。

三、抵触申请抗辩

《专利法》第 67 条规定，在专利侵权纠纷中，被控侵权人有证据证明其实施的技术或者设计属于现有技术或者现有设计的，不构成侵犯专利权。这类专利侵权抗辩方式称为现有技术抗辩。

那么，被诉侵权人能否以其实施的技术属于抵触申请为由，主张不构成侵犯专利权呢？对此，专利法和相关司法解释中并未明确规定。但是，最高人民法院在 2015 年知识产权案件年度报告中，对于能否适用抵触申请抗辩，以及抗辩的成立条件，进行了说明①。

通过慈溪市博生塑料制品有限公司与陈某侵害实用新型专利权纠纷案可见抵触申请抗辩原则的具体运用②。本案中，被诉侵权人在二审中提出抵触申请抗辩，但是二审未予支持其抵触申请抗辩，判决认定被诉侵权产品落入涉案专利的保护范围之内。

因此，被诉侵权人向最高人民法院提出再审申请，称申请号为 201120157568.6、名称为“用于手压式旋转拖的拖把底盘和脱水桶”的实用新型专利（以下简称“568 专利”）的申请日在涉案专利申请日之前，公开日在涉案专利申请日之后，构成涉案专利的抵触申请。涉案专利与“568 专利”相比，除增加了拖把杆的具体结构外，其他技术特征完全相同。

被诉侵权人主张抵触申请能够损害涉案专利的新颖性，并导致涉案专利不能获得授权，与现有技术性质相同。因此，被诉侵权人实施抵触申请的，不构成侵犯涉案专利权。二审法院应当参照适用现有技术抗辩的相关法律规定进行审理。

最高人民法院最终认定，“568 专利”的申请日 2011 年 5 月 17 日在涉案专利的申请日之前，授权公告日 2011 年 12 月 7 日在涉案专利的申请日

---

① 大岭先生. 专利侵权的抵触申请抗辩 [EB/OL]. (2018－06－21) [2020－04－08]. https: //mp. weixin. qq. com/s/oTfHRNdoAz6gslU7BoDvxA.

② (2015) 民申字第 188 号。

之后，时间上满足抵触申请的条件。此后，最高人民法院对抵触申请抗辩的审查判断标准进行了如下说明。

法院认为，《专利法》（2008）第62条规定现有技术抗辩的主要理由，在于专利权的保护范围不应覆盖现有技术，既包括被诉侵权技术方案与现有技术相同的情形，也包括被诉侵权技术方案相对于现有技术无实质性差异的情形。在这两种情形下，被诉侵权技术方案相对于现有技术不具有新颖性或者创造性，不应被授予专利权，自然也不应被纳入涉案专利权的保护范围。由于抵触申请与现有技术均可以用于评价涉案专利的新颖性，因此如果被诉侵权技术方案已被抵触申请公开，则相较于抵触申请亦不应被授予专利权，相应地也不应被纳入涉案专利权的保护范围。因此，被诉侵权人以其实施的技术属于抵触申请为由，主张未侵犯涉案专利权的，人民法院可以参照适用《专利法》（2008）第62条、侵犯《最高人民法院关于审理侵犯专利纠纷案件应用法律若干问题的解释》第14条等有关现有技术抗辩的规定，对抵触申请抗辩进行认定。

需要指出的是，由于抵触申请与现有技术的含义和性质存在一定差异，故抵触申请抗辩的审查判断标准应与抵触申请的性质相适应，与现有技术抗辩的审查判断标准存在一定差异。根据《专利法》（2008）第22条第2款的规定，抵触申请的公开时间在涉案专利的申请日之后，不构成涉案专利的现有技术，故仅可以与涉案专利单独对比，评价其新颖性。与之不同的是，根据《专利法》（2008）第22条第2、第3款的规定，现有技术既可以评价涉案专利权的新颖性，也可以与其他现有技术或者公知常识结合，评价涉案专利权的创造性。

综上，抵触申请仅仅可以被用来单独评价涉案专利权的新颖性，既不可以与现有技术或者公知常识结合，更不可以用于评价涉案专利权的创造性。因此，只有在被诉侵权技术方案的各项技术特征均已被抵触申请单独、完整地公开，相对于抵触申请不具有新颖性时，才可以认定抵触申请抗辩成立。如果被诉侵权的技术方案相较于抵触申请存在差异并具有新颖性，或者被诉侵权人主张将抵触申请与现有技术或者公知常识结合后进行抗辩的，抵触申请抗辩均不能成立。

基于上述审查判断标准，最高人民法院认为本案中，将被诉侵权产品中的各项技术特征与“568 专利”，以及视为在“568 专利”中公开的“206 专利”中的拖把杆结构进行对比，其中没有公开被诉侵权产品中的技术特征“拖把杆包括内杆和外杆”“内外杆间相互套接”。因此，被诉侵权产品的技术方案并未被抵触申请单独、完整地公开，相对于抵触申请具有新颖性。因此，被诉侵权人的抵触申请抗辩主张不能成立。

最终，最高人民法院判决被诉侵权人有关抵触申请抗辩的主张不能成立。被诉侵权人以其实施的技术方案属于抵触申请为由，主张不侵害专利权的，应当审查被诉侵权技术方案是否已被抵触申请完整公开。在该技术方案相对于抵触申请不具有新颖性时，抵触申请抗辩成立。

第四章

海外知识产权维权

——以应对美国“337 调查”为例

随着世界贸易全球化的迅猛发展和知识时代的到来，知识产权日益成为产业竞争的制高点和企业参与市场竞争的制胜法宝。我国加入 WTO 后，国内企业越来越多地参与到国际市场竞争中，企业涉外知识产权纠纷逐年增多。企业能否从容应对涉外知识产权纠纷，维护自身利益，在一定程度上可以说事关我国企业的根本利益和经济安全。

以我国外向型经济大省广东省为例，根据广东企业知识产权管理及维权现状的调查，在被调查的企业中，一半的企业曾发生过涉外知识产权纠纷，其中专利纠纷问题占比 32%、商标纠纷问题占比 21%。知识产权保护意识淡薄是企业涉外知识产权纠纷发生的最主要原因。对已经发生的涉外知识产权纠纷，36% 的企业会采取双方协商的措施，43% 的企业会采取司法途径解决。由于维权成本太高和取证太难等原因，有 36% 的企业发生了被他人侵权而未采取任何措施。虽然涉外纠纷和侵权行为频发，但 39% 的企业并未建立涉外知识产权跟踪、预警和监控机制，其中也包括部分已经发生过涉外知识产权纠纷的企业。

我国企业涉外知识产权纠纷频发的原因，主要有以下几点：第一，企业涉外知识产权纠纷应对能力不足。我国企业普遍对知识产权的认识不足，保护和运用知识产权的能力还比较欠缺，应对涉外知识产权纠纷的能力和经验较弱，加之人力、物力和财力状况所限，不具备独立成功应诉的能力和水平。第二，我国外向型经济发达，导致涉外知识产权纠纷必然不断发生。我国区域经济布局有独特的“二层结构”特点，即以本土内源性经济为基础，上面覆盖一层外源型经济。我国外向型经济的总量逐年加大，外贸进出口比重高、利用外资水平大步跃升、对外投资领域拓展加快，这些均表明我国的外向经济非常发达。第三，国际市场的激烈争夺。外国企业频频以知识产权为武器对中国企业实施打压，表面上是知识产权侵权纠纷，但本质上就是企业之间的市场之争。中国加入 WTO 以后，企业和产品的影响也随之扩大，冲击着跨国公司的市场份额，国外企业凭借成熟的知识产权商业策略和诉讼经验，向我国迅速发展的企业屡屡发难，以保证国外企业在市场中的竞争力。第四，新贸易保护主义的抬头。国际知识产权保护已成为维护国家利益和经济安全、增强国际竞争力的战略工具，也给我国企业带来涉外知识产权纠纷的压力。TRIPS 要求发展中国家与发达国家同样地保护知识产权，实质上主要是保护发达国家、跨国公司“合法”垄断获得高额利润的“权利”，发展中国家更多是承担“保护”义务。

对于我国企业所遭遇的海外知识产权纠纷来说，最著名的莫过于美国“337 调查”，所谓“337 调查”，是指美国国际贸易委员会（ITC）根据美国《1930 年关税法》第“337 条款”关于“进口贸易中的不公平做法”的规定展开的调查。“337 条款”经过多次修改，其内容越来越全面、明确。如美国 1988 年《综合贸易与竞争法》中对“337 条款”管辖范围做出了一般规定：按进口贸易中的不公平做法的性质可分为一般不公平贸易做法和有关知识产权的不公平贸易做法两类。目前“337 条款”更多地被用于处理有关知识产权的不公平贸易做法，成为美国对外贸易法中以知识产权为手段直接对私人侵犯其国内知识产权行为进行调查并采取单边制裁措施且强有力的法律依据。

第一节　美国“337 调查”相关概念

一、美国“337 调查”概述

“337 条款”全称为美国《1930 年关税法》第 337 节，起初制定的目的在于提高美国的关税，后来逐渐转向针对对外贸易中知识产权侵权的不公平行为的规范，该条款主要是针对美国进口贸易中知识产权侵权的不公平做法和不公平行为，尤其是专利侵权的不公平行为所实施的贸易调查。这种不公平行为具体是指：产品以不正当竞争的方式或不公平的行为进入美国，或产品的所有权人、进口商、代理人以不公平的方式在美国市场上销售该产品，并对美国相关行业造成实质性的损害或者威胁，或阻碍美国相关产业的建立，或压制、操纵美国的商业和贸易，或侵犯合法有效的美国商标和专利权、集成电路芯片布图设计专有权或其他设计权等。

负责对上述损害进行调查的机关是 ITC，ITC 是美国国际贸易委员会的简称，是基于防止美国产业遭受国外进口产品的不公平的竞争损害而设立的，委员会是一个独立的、非党派的、准司法性的联邦机构。因此，“337 调查”是针对进口贸易中的知识产权侵权行为以及其他不公平竞争行为开展调查，裁决是否侵权及是否有必要采取救济措施的一项准司法程序。

“337 调查”通常应当事人的申请发起，原则上也可由 ITC 自行发起。“337 调查”虽然不是由司法机关负责，但其调查程序、调查方式与民事诉讼有许多相似之处。一项完整调查的程序可大致分为以下阶段：立案、证据开示程序、开庭、行政法官初裁、ITC 复审、ITC 终裁和总统审查。根据调查结果，若 ITC 认定被申请人违反 337 条款，可应申请人的请求，针对被申请人发布有限排除令，或在满足特定条件的前提下发布普遍排除令，禁止侵权产品进入美国市场。此外，ITC 还可发布制止令，要求美国境内的批发商或零售商等停止销售相关侵权产品。

涉及侵犯美国知识产权的“337 调查”案件 85% 以上是针对专利侵权行为，少数调查涉及注册商标侵权、版权侵权、集成电路布图设计侵权和外观设计侵权等行为。其他不公平竞争案件的类型包括普通法商标侵权、虚假指定原产地、仿冒、虚假广告、侵犯商业秘密、商业外观侵权、违反反垄断法、商标淡化以及其他不公平竞争行为等。

二、“337 调查”中的救济措施

ITC 根据法律程序，有权实施以下救济措施：有限排除令、普遍排除令、制止令、临时性有限排除令、临时性制止令。排除令是 337 条款中最重要也是最具威慑力的处罚措施，由美国海关执行，它将直接导致相关产品无法进入美国市场。排除令包括有限排除令和普遍排除令。被申请人可以结合专利权本身、自身涉案产品、市场规模等选择适合的救济措施。

三、"337 调查"制度的主要特点

与美国其他的贸易救济措施相比，美国"337 调查"具有以下特点：第一，申诉人申诉成本小、见效快，即使原告败诉，也不用承担其他不利后果，"337 调查"案件的审理一般不超过 12 个月，复杂案件不超过 18 个月。对美国企业来说，提起"337 调查"的门槛比较低、申请立案容易、相关救济程序快速而有效，更能达到限制竞争对手的目的。第二，"337 调查"是一种对物的管辖。其管辖的对象是进口产品，而不是当事人或不公平的行为，解决了司法程序在知识产权保护方面难以直接针对相关当事人方面的不足。第三，"337 调查"的救济措施威力大。"337 调查"可提供广泛的救济措施，包括排除令、禁止令和临时性的排除令、禁止令等。第四，被诉人应诉难度大。其具体表现为被诉人应诉时间紧张、费用高等。根据有关程序，美国 ITC 在启动"337 调查"后，必须在 45 日内确定终裁的目标时间，并尽快完成调查，通常案件需要在一年内作出裁决。如果涉案企业被裁定违反了第 337 条款，美国 ITC 将发布相关产品的排除令和禁止令，这意味着涉案产品将彻底丧失进入美国市场的资格。

第二节　中国"337 调查"概况

据数据统计，2007 年到 2016 年 4 月，美国共发起"337 调查"392 起，其中，涉华案件多达 169 起，占比 43%。其中，我国广东、江苏、浙江、香港、台湾、上海、福建等沿海地区的企业是"337 调查"涉华案件的主要对象，其中尤以广东为甚，是遭受"337 调查"案件数量最多且涉案企业数量最多的地区。

据商务部产业损害调查局数据显示，2013 年广东有 4 个企业遭遇"337 调查"，占全国涉案企业数的 22.2%；2014 年涉案企业数与占比都出现激增，共遭遇 8 起"337 调查"，占比上升至 66.67%；2015 年广东涉案

企业数又增加了 9 个。2015 年美国就墨盒及其同类组件诉专利侵权案件中，广东涉案企业有珠海奥美亚打印耗材有限公司、东莞奥彩打印机耗材有限公司、珠海诚威电子有限公司、珠海悦达电子科技有限公司、珠海华人科技有限公司、珠海纳诺数码科技有限公司、珠海中润靖杰打印机耗材有限公司、珠海高腾打印机耗材有限公司、珠海里程发展有限公司；就计算机电缆、充电器、适配器、外围设备及其同类产品诉专利侵权案件中，广东涉案企业有东莞市品特电子有限公司、东莞石碣福瑞斯电子制品厂。2016 年 5 月，美国阿斯彭气凝胶股份有限公司向美国国际贸易委员会提起了“337 调查”申请，称来自中国的广东埃力生高新科技有限公司和浙江纳诺科技有限公司的进口，或为了进口美国而销售，或在进口之后销售侵犯原告知识产权的“复合气凝胶隔热材料和制造方法”，应展开“337 调查”。

在 2019 年，美国 ITC 共立案“337 调查”47 起，其中涉华（含港、澳、台）案件 28 起，占立案总数的 59.6%，创 19 年来新高。也就是说，在 2019 年，近六成的“337 调查”案件涉及中国企业。

目前，我国企业在“337 调查”中的应诉结果各异，除了存在确定侵权情形的调查外，应诉效果不佳的主要原因普遍是企业实力不足、应诉资金缺乏和自主知识产权意识淡薄。而随着这些情况的改善，加以政府部门和行业协会的指导，以及协调力度的加大，我国企业有望逐步改善应诉的被动局面，以更强有力的姿态保护自身合法权益。

一、中国企业成为“337 调查”主要对象的原因分析

目前，我国企业成为“337 调查”的主要对象，究其根本，这是由我国产业特别是出口产业目前所述的发展阶段所造成的。这也决定了在未来相当长的一段时间内，我国企业仍将成为“337 调查”的主要对象。

（一）知识产权成为国际商业中的核心竞争手段

在国际商业贸易中，企业之间的竞争手段多种多样，但最核心的竞争手段还是知识产权。各国企业通过知识产权研发、注册、商品化、合作与

联盟、许可与交叉许可和多种形式的争端解决方式（行政手段、司法手段和准司法手段等），充分利用其知识产权资源，实现并维护起整体商业利益。因此，知识产权竞争已经成为一种常态化的商业竞争手段，而知识产权争端（包括“337 调查”）也已经成为国际商业环境尤其是美国等发达国家市场竞争环境中重要且必不可少的组成部分。在美国市场上，我国企业与美国知识产权所有人之间的竞争非常激烈，因此频繁遭遇到“337 调查”必不可免。

在这种背景下，美国知识产权所有人有时将“337 调查”作为阻碍中国企业进入或者占有美国市场的工具。换言之，在一些案件中，美国知识产权所有人并不确信中国企业存在侵权，甚至没有这方面的相关证据，便提出“337 调查”，其目的在于为我国企业进入美国市场设置障碍，如能获得普遍排除令的裁决，将达到事半功倍的效果。

（二）我国对美国出口尤其是高科技产品出口迅速增加

自改革开放以来，我国对美国出口迅速增加；近十几年来，我国对美国出口中技术附加值较高产品的比例和绝对值都在迅速增加。这些原因导致美国国内产业感受到巨大的竞争压力，并以“337 调查”这种手段阻止我国企业进入美国市场。

对美高科技产品出口与“337 调查”数量之间的相关性集中体现在我国对美机电产品出口上。2017—2019 年，“337 调查”所涉产品类型最多的是机电产品，如液晶电子写字屏、数字电视机顶盒及遥控设备、双向无线电、扫地机器人、锂电池、LED 照明设备、模块化 LED 显示面板、无人机、LTE 和 3G 兼容移动通信设备、电子烟等。同时，美国对我国知识产权保护评价较低，必将导致我国成为美国“337 调查”的重点目标区域。近年来，我国企业不断进行产业结构的升级换代，出口产品结构有了质的飞跃。出口产品的附加值高、市场潜力大，产品国际竞争力不断增强，亦进一步扩大了对美出口贸易顺差，美国国内相关企业的利益受到影响。在这种情况下，“337 调查”被美国视为保护本国产业和市场的最佳办法之一，而被频繁采用。美国选择对我国新兴高科技企业频繁提起“337 调查”，目的就是以高昂的应诉成本驱使这些高科技企业退出美国或国际市场。

从其他国家或地区遭受“337 调查”的历史发展来看，日本、韩国和中国台湾地区都是在对美出口高科技产品迅速增加的期间，被提起“337 调查”的数量开始激增。很明显，如果对美出口很少，遭受“337 调查”的可能性很低；如果对美出口是低附加值、低技术含量、没有知识产权，尤其是没有专利内容的产品，不会成为“337 调查”的对象。因此，从这一方面讲，我国企业开始成为“337 调查”的对象，是我国出口规模增大、出口结构提升、出口技术含量提高的外在体现和必然结果。

（三）我国企业自主知识产权较少

在国际经济竞争中，我国企业具有强大的制造优势，但在产品技术方面处于劣势地位。我国企业出口产品的技术附加值含量逐步提高，是基于我国原有出口产品以初级农产品和初级工业品为主的历史背景下的论断。事实上，我国大部分出口产品并没有处于国际领先水平的自主知识产权。比如，在我国出口产品中，部分机电产品有相当高的技术含量，但很多机电产品的技术水平仍停留在模仿、改进国外产品的层面上，不具备获得专利保护的自主知识产权。这些产品出口到美国后，美国本土制造业将会受到激烈竞争和冲击，因而会选择利用“337 调查”来遏制我国企业。

在以后相当长的一段时间里，我国对美出口的以上基本特点仍然会持续下去，因此，我国企业很有可能将继续成为美国“337 调查”的主要对象。

二、中国企业“337 调查”应诉结果不利的原因分析

我国企业在“337 调查”中取得的应诉结果各有不同，但其中被裁定侵权的情形不在少数。除个案的特定原因外，我国企业在“337 调查”中应诉结果不佳，原因在于存在以下较为普遍的问题。

（一）知识产权保护意识不足

毋庸置疑，我国部分企业的知识产权保护意识依然不足，在出口，特

别是对美国出口中存在知识产权侵权问题。其中，一些企业并非恶意侵犯美国的知识产权。这些企业在大规模对美出口前，未能对出口产品关键技术在美国的知识产权状况进行充分研究并进行系统地知识产权侵权风险评估，因此在不知情的情况下侵犯了美国的知识产权。在被提起“337 调查”后，这些企业为了在美国出口利益投入巨大的资源进行应诉，但很难取得有效的应诉结果，有的会遭受到较为严厉的制裁措施。

（二）知识产权储备缺失

知识产权特别是在国外受保护的知识产权储备不足，是我国大部分企业的普遍现状。我国大部分企业未能提前规划在生产规模扩大化和产品市场国际化过程中的知识产权战略，导致在生产和出口规模迅速扩大的情形下，依然仅拥有少量的自主知识产权。在一些案件中，国内企业被提起“337 调查”后，发现自己事实上是先于美国申请人发明或者使用涉案技术，但是并没有在中国或美国申请专利，导致自身陷入被动局面。

在“337 调查”中，如果被申请人拥有用于在美国或其他主要市场，例如中国的自主知识产权，可以通过向对方知识产权提起诉讼的方式制约对方，或者通过专利交叉许可等方式与对方达成条件有利的和解。然而，我国企业很少能有利用这种反制工具的案例，大多时候在调查中处于“以软碰硬”的被动局面，很难以较低的代价实现有利的应诉结果。

（三）缺乏独立应对意识

在国际加工贸易中，我国企业的技术多由国外厂商提供，对技术的合法性缺乏充分地了解和控制。此外，我国企业大量通过技术许可协议或者设备进口协议从国外技术提供方直接获得核心生产技术，且技术提供方通常提供关于技术不侵权的声明或保证，并承担赔偿义务。

在一些案例中，国外技术提供方甚至和中国企业一并成为“337 调查”的被申请人，我国被调查企业通常会要求国外厂商提供应诉资金、技术、法律支持和应诉策略的指导和协调。一些企业甚至可能会决定不自主应诉，或者虽然应诉但采取保守、消极的应诉策略，完全寄希望于国外厂商积极应诉并胜诉，自己则从胜诉结果中获利。

事实上，国外技术提供方的利益通常与我国企业的利益存在差异，因此其应诉策略可能并不会顾及国内企业的利益。而且，“337调查”最终的解决方案可能无法为国内企业提供足够的保护，例如和解方案的范围可能并不包括国内企业等。这种情形之下，我国企业的利益可能受到较大的损害，应诉效果不佳。

（四）应诉费用高

在美国，各种类型的诉讼中律师费用和专家费用都很高，而知识产权诉讼特别是专利诉讼尤其如此，很多“337调查”案件的律师费用和专家费用达到数百万美元甚至更高。因此，我国企业普遍存在应诉资金不足的困难；在一些案例中，企业有一定的应诉胜算，但由于无法支付高额的律师费用和专家费用，被迫选择不应诉或者以不利的条件和解。

上述情形与我国对美出口产品结构有关。我国对美国出口产品，特别是机电产品的整体技术水平和附加值依然较低，国内企业在美国市场的主要竞争手段是价格竞争，因此利润水平较低。在一些“337调查”中，应诉费用甚至高于企业过去数年对美相关产品出口的利润总和。按照一般商业做法，企业在指定产品价格时，应将交易中的各种风险（包括诉讼费用）计算在内，成为价格组成的一部分。但是，由于上述情形，我国企业通常为了尽量降低出口价格，不在价格中计入诉讼风险成分，从而导致在遭遇“337调查”时没有足够的资金能力进行应对。

（五）涉案企业分散

在“337调查”中，涉案企业在两种情况下需要进行紧密协作和有力协调。第一，一些“337调查”会涉及我国十几家甚至几十家出口企业，但是这些企业普遍规模比较小，力量分散。此时，涉案企业可以联合应诉。第二，一些“337调查”案例中，申请人要求ITC实施普遍排除令，此时应诉企业可以与未被列名为被申请人但是也对美出口涉案产品的企业进行协作，对普遍排除令进行抗辩，或者对和解方案进行商讨。上述协作涵盖律师选聘、费用分担和策略选择等核心应诉问题，对降低应诉负担、提高应诉效果具有重要作用。

但是，目前我国行业协会的力量仍然较为薄弱，未能建立有效的协调机制，不能在每起“337 调查”中给企业提供有力协调。此外，我国企业的协作、协调意识也存在不足，在很多案件中不能充分地考虑自身利益与行业利益和其他公司利益的平衡，不愿与其他竞争者互相协作。上述问题导致在相当一部分案件中，企业之间无法形成合力，不能团结一致，在应诉中容易被各个针对。

（六）缺乏相关技能和知识

总体而言，我国企业的管理层对美国以知识产权为主导的市场竞争环境和美国的商业诉讼环境较为陌生，有时不能正确把握“337 调查”作为一种商业竞争手段的性质，在应对策略方面容易做出误判。企业相关部门的管理层对涉外诉讼尤其是“337 调查”的程序和规则普遍缺乏了解，企业内部尤其缺乏懂外语、懂法律、懂技术、懂业务的人才。受上述各因素的限制，企业常常被迫完全听从代理律师的建议，无法做出自主判断和决策，这种情形导致律师费用非常昂贵，且有时不能确保最终应诉结果与企业的实际商业利益完全相符。

（七）缺席率较高

由于对“337 调查”的了解不够，很多企业被调查后存在畏惧和侥幸心理，决定不应诉。一方面，他们寄希望于申请人能够中途放弃调查，或者 ITC 经过独立调查认定不存在侵权的情形；另一方面，他们寄希望于其他应诉企业积极应诉，取得完全的胜诉结果，从而能够顺利地“搭便车”。

但是，上述想法都不太现实。首先，如果企业不应诉，ITC 将倾向于采信申请人提出的所有证据和主张，几乎很难做出对被申请人有利的裁决。其次，各个企业的诉求存在很大的差异，应诉企业的胜诉结果很难惠及那些不应诉的企业。尤其是在“337 调查”中，结案的主要形式是和解，而和解肯定不会将非应诉企业纳入和解范围之内。事实上，一些应诉企业在本可以获得完全胜诉并迫使申请人撤案的情况下，依然选择主动和解，以将未应诉企业排除在美出口市场之外。因此，不应诉企业的利益几乎不能得到任何保障，最终裁决结果往往对其非常不利。

第三节　美国“337 调查”典型案例

一、燕加隆复合木地板“337 调查”案

2005 年 7 月 1 日，Unilin 集团以来自全球的 30 家木地板企业（包括 17 家中国企业）侵犯其在美国的 4 项专利为由，向 ITC 提起“337 调查”的申请①。2007 年 1 月 24 日，ITC 作出终裁，认定除深圳燕加隆公司的“一拍即合”锁扣外的其他中国企业产品均侵犯了 Unilin 的专利权，并签发了普遍排除令。

荷兰 Unilin 公司（Unilin Beheer B. V.）、美国 Unilin 北卡罗来纳地板公司（Unilin Flooring N. C. LLC）和爱尔兰地板工业公司（Flooring Industries Ltd.）3 家企业都是属于 Unilin 集团的子公司。Unilin 集团 1960 年成立于比利时，是欧洲强化复合地板协会（EPLF）的创始成员。Unilin 集团是世界上最早发明免胶地板锁扣的公司之一，这种锁扣技术实现了以简单、快速、无胶的方式连接地板。

被申请的 30 家企业中，涉及 17 家中国企业，另外的被申诉人为 3 家加拿大企业、1 家马来西亚企业和 9 家美国国内企业。其中，作为本次“337 调查”中唯一一个获得 ITC 终裁胜利的企业——深圳燕加隆实业发展有限公司主要从事强化木地板等建筑装饰材料的国际销售，其产品主要销往美国、加拿大、欧盟等国家和地区。

本次调查所涉及的是复合地板的核心技术——锁扣技术，即通过内置舌片和沟槽的特殊轮廓来达到不用胶粘即可连接地板的锁扣设计。通过这

① 许卓萍．中国木地板兵败美国 深圳燕加隆一战成名：燕加隆、圣象等应诉复合木地板“337 调查”案启示［EB/OL］．（2010 - 05 - 19）［2020 - 04 - 08］．http：//www. nipso. cn/onews. asp？ id =530.

种连接方式，可以提高地板结合部位的坚固性，实现地板整体运动。目前，木地板的锁扣核心技术基本掌握在欧美企业手中，中国有 3 000 多家地板企业，申请或拥有地板锁扣专利的企业却很少，这种状况在复合地板进入中国十多年来一直存在。

2005 年 7 月 1 日，荷兰 Unilin 公司（Unilin Beheer B. V.）、美国 Unilin 北卡罗来纳地板公司（Unilin Flooring N. C. LLC）和爱尔兰地板工业公司（Flooring Industries Ltd.）（以下统称“Unilin”）联合向 ITC 提起申请，指控来自全球 30 家木地板企业的复合木地板的进口及销售侵犯了其在美国申请的“地板锁扣”等 4 项专利，因此提请 ITC 启动“337 调查”，并请求 ITC 发出普遍排除令和禁止令，以及采取正当和适宜的进一步的救济措施。2005 年 7 月 29 日，ITC 决定对 Unilin 的申请正式立案，案卷号为 337 - TA - 545。

本次“337 调查”的最终结果是：中方产品中除燕加隆公司发明设计的“一拍即合”锁扣地板产品外，其他均构成专利侵权，ITC 签发了普遍排除令和禁止令。这一结果意味着燕加隆公司成为中国 12 家应诉企业中唯一获得最终裁决胜诉的企业，燕加隆公司将不受 ITC 签发的普遍排除令和禁止令的影响，其锁扣产品可自由进入美国市场。

本案中，燕加隆公司之所以能够胜诉，关键在于燕加隆公司的“一拍即合”锁扣专利（中国专利申请号为 200620112507. 7），并没有采取上述 Unilin 的传统锁扣技术的“榫头榫槽”结构，而是改变榫头形状并通过地板材料的弹性来扣紧地板，即使用一种新型的“凸凹”结构，保证凸部、凹部之间的横向连接和水平方向锁定，使地板链接更紧密，同时设计了地板长、短边都有锁扣装置。这种垂直嵌入型锁扣突破了传统锁扣技术所采用的斜插锁扣理念，是锁扣技术领域的重大突破。燕加隆开创了地板锁扣技术发展的新领域，为中国企业在国际地板销售市场不受国外地板巨头的高昂专利费的要挟创造了条件。燕加隆“一拍即合”锁扣技术打破了欧美企业在地板锁扣技术领域长期垄断的局面，中国地板企业在锁扣技术上拥有了自主知识产权，不再受制于人。而燕加隆公司也表示愿意与中国地板企业分享“一拍锁扣”专利技术。事实上，“337 调查”后已经有多家地板企业从燕加隆公司购买其锁扣专利的使用权，而收取专利许可费也已成为燕加隆公司的一个新的利润获取方式。燕加隆公司在此次“337 调查”中成功获胜，一战成名，不但成就了自己，也给惨败的中国地板业带来了新的希望。

二、盐城捷康三氯蔗糖“337 调查”案

三氯蔗糖是一种甜度相当于蔗糖 600 倍的新型甜味剂，1976 年由泰莱英国公司的科学家发明，主要原料为蔗糖，安全性高，我国政府 1997 年批准使用，美国、日本、欧盟等 120 多个国家和地区先后批准使用；由于耐酸碱、耐高温、货架期长等优点被应用在全球 3 000 多种食品和药品中；因为口感纯正且不参加人体循环、无热量、不引起血糖波动、不增加龋齿等优点被广大重视健康的消费者所喜爱，我国消费者的消费理念正趋向于健康、安全，随着社会的发展和消费理念的进步，三氯蔗糖在中国的应用将更加普及。

2007 年 4 月 6 日，英国泰莱科技有限公司和美国泰莱三氯蔗糖公司（以下统称“泰莱公司”）向 ITC 指控 25 家生产和代理三氯蔗糖的中外企业（随后追加了两家企业）侵犯其 5 项专利，申请 ITC 启动“337 调查”程序，并要求签发普遍排除令和禁止令，排除所有来自美国境外的三氯蔗糖及下游产品（案卷号为 337 – TA – 604）①。在 27 家被指控的企业中，共有 13 家是中国企业。13 家企业分别是：北京富邦信业化工有限公司、北京富邦信业贸易有限公司、河北苏科瑞科技有限公司、河北省化学工业研究院、常州市牛塘化工厂有限公司、广东省食品工业研究所、广东广业清怡食品科技有限公司、南通化学科技有限公司、南京诺朗化工有限公司、上海奥锐特国际贸易有限公司、中津药业（香港）股份有限公司、连云港中土物产国际贸易有限公司和江苏盐城捷康三氯蔗糖制造有限公司（以下简称“捷康公司”）。

捷康公司的高管层及律师顾问在综合考量各种因素、并先后多次听取

① 史倩倩，黄贤涛．与狼共舞自有道 主动应诉树典范：盐城捷康胜诉三氯蔗糖“337 调查”案启示［EB/OL］．（2010 – 05 – 19）［2020 – 04 – 08］．http：//www. nipso. cn/onews. asp? id =534.

技术研发人员对自身技术特点的汇报和与美国多家知名律师所的专利律师仔细研究后，发现 ITC 允许没有被告的企业只要满足 ITC 的法律要求就可以申请主动加入“337 调查”，保护自身的合法权益，不用支付对方赔偿金，各自承担法律费用。而美国地方法院在案件审理中可以随时加入被告名单，但对主动加入诉讼的被告的生产企业客户则不能随时加入。为了保护客户，占据市场主动权，各方一致认为捷康公司的生产工艺具有自主知识产权，捷康公司应当主动申请加入该“337 调查”，以实际行动向所有客户证明，捷康公司的生产工艺不侵犯泰莱专利，并在第一时间占据法律主动权。

捷康公司于 2007 年 7 月向 ITC 递交了主动参与 337 – TA – 604 号全部 5 项专利的“337 调查”申请。泰莱公司的律师竭力反对，因为捷康的加入不仅打乱了泰莱的法律部署，而且大大消耗了泰莱的律师精力和律师费用。在泰莱没有任何捷康的证据储备和法律方案情况下，捷康公司的加入增加了泰莱的败诉概率。捷康公司根据 ITC 的法律提出了 5 条理由：①捷康公司产品实际已经出口到美国市场；②美国市场有捷康公司已有和潜在的客户；③由于生产工艺不同，其他 3 家被告企业不能代表捷康的利益；④泰莱申请的普遍排除令已经严重损害捷康的市场利益；⑤捷康可以按 ITC 的法定程序，在规定时间内，赶上程序并完成证据递交和答辩，不会申请法律程序延期。

经过捷康代理律师的积极答辩，ITC 行政法官和 ITC 委员会于 2007 年 8 月 15 日同意捷康公司主动加入 ITC – 337 – TA – 604 号针对三氯蔗糖产品的“337 调查”。捷康公司因而成为中国有史以来第一个主动申请接受 ITC 调查的生产企业。同时，捷康在美国知名网站 FLEXNEWS 向全世界声明：捷康公司充分尊重他人的知识产权，但更希望别人同样尊重捷康的知识产权。

2009 年 4 月 6 日，ITC 发布最终公告：“按照美国国际贸易委员会的程序，盐城捷康三氯蔗糖制造有限公司在出口到美国的产品中，没有发现触犯‘337 调查’的产品，未参加应讼和被判定侵权的被调查企业产品禁止出口到美国。”至此，盐城捷康公司作为中国唯一一家主动加入 ITC 的“337 调查”的公司，经过一年半时间的跨国诉讼，共支付律师费 2000 多万元，终于战胜了国际甜味剂巨头泰莱公司对中国同行及产品的“337调查”。盐城捷康公司也成为首例在美国知识产权“337调查”中主动加入并胜诉的企业。

本案中，盐城捷康之所以能够胜诉，关键在于其具有知识产权战略思想、拥有自主创新技术，盐城捷康公司在2006年进入美国市场之前就聘请美国专利律师把捷康的生产工艺与泰莱的所有专利进行比较，以确定不侵犯泰莱的专利。其次盐城捷康积极参与调查程序，遵守调查规则，积极提供和寻找有利于己方的证据，根据双方递交的证据资料和法庭答辩，ITC行政法官作出了捷康生产工艺不侵犯泰莱专利、泰莱一项专利无效的结论。

三、浩洋电子LED照明“337调查”案

2018年3月6日，美国科技制造企业Fraen（福雷恩）集团有限公司向ITC提出“337调查”申请。指控包括广州市浩洋电子股份有限公司（以下简称“浩洋电子”）等6家中国企业的LED照明设备及组件在对美出口、在美进口或在美销售时，侵犯美国第9411083号专利和第9772499号专利，违反了美国《1930年关税法》第337节，申请人请求ITC发布普遍排除令和禁止令，禁止违法LED照明设备及组件进入美国市场[①]。中国涉案的6家企业有5家在广州，1家在无锡。这6家企业分别是广州市浩洋电子股份有限公司、广州飞星灯光设备有限公司（广州美芯灯光音响设备有限公司）、广州乐狐电子有限公司、广州彩熠灯光有限公司、广州炫熠灯光设备有限公司、无锡市畅盛特种光源电器厂。

2018年4月10日，ITC决定正式立案，案号为：337－TA－1107。2018年3月，浩洋电子收到来自美国的司法函件。公司决定应诉后，立即成立了应对小组，应对小组以董事长为首，包括法务、专利、技术、市场人员在内共10人。2018年4月14日，浩洋电子正式确定公司外部法律应诉团队，与中国君合律师团队和美国的律师团队签订法律服务协议。2018

① 万丽，王洪艳．浩洋电子专利案胜诉“337调查”的策略分析［J］．对外经贸，2019（2）：9－11.

年5月10日，浩洋电子的应诉团队向美国ITC提出了对申请人（美国Fraen公司）专利稳定性的质疑，同时也向美国ITC提交了100多项证据，这些证据证明了浩洋电子的涉案产品是独立研发、在先使用，产品没有侵权。2018年6月5日，申请人向ITC提交终止对浩洋电子调查的动议。2018年7月12日，美国ITC行政法官初裁同意申请人（美国Fraen公司）对应诉企业（浩洋电子）的终止调查动议。2018年8月8日，ITC发布终裁公告，终止对浩洋电子的调查，浩洋电子胜诉。

面对“337调查”的指控时，广州浩洋电子毅然拿起法律武器，依法维权，积极应诉。此次涉案的6家中国企业，广州浩洋电子是本案中唯一一家应诉的中国企业，并且获得了胜诉。其他企业在此次案件里属于缺席状态，美国企业Fraen预计会在以后提出即决裁决的动议，要求行政法官认定缺席的中国被告企业产品为侵权，以此取得普遍排除令。

本案中，浩洋电子之所以能够胜诉，关键在于该公司拥有超过400项专业舞台灯光产品的专利，拥有大量的专利以及拥有自主创新能力是浩洋电子在本次“337调查”中取得胜利的最重要资本。浩洋电子在深入分析了相关专利与产品，检索与查找了行业内同类型产品的相关专利之后，形成了非常具体有效的分析报告。在法律抗辩中从对方专利稳定性、独立研发、在先使用、产品无侵权等多个方面成功地向ITC提出了100多项质疑点，为后续的答辩应诉与最后的胜诉打下了坚实的基础。应诉团队制定了三大答辩要点：一是所诉的专利无效；二是浩洋电子产品不侵权；三是浩洋电子产品的进口没有损害美国国内相关产业。

第四节　美国“337调查”应对策略

从以上成功应诉案例中不难发现一个共同的特点：积极应诉是涉案企业以及整个行业应对“337调查”的正确选择；研发新技术、注重专利申请和保护是应对“337调查”的根本之道。

一、涉案前应主动避免遭受“337 调查”

（一）提高知识产权的开发能力和保护意识

当今国际市场的竞争，已由产品和服务的竞争转变为知识产权的竞争。为了增强在知识产权方面的国际竞争力，广东企业应采取以下措施：第一，要树立科学的发展观，转变经营思想，走自主创新之路；第二，要加大投入力度，提高知识产权方面的开发能力，包括加强技术研究开发、提高产品技术含量、树立企业品牌形象等；第三，要加强知识产权保护力度，例如在国内外申请专利、注册商标等。提高知识产权开发能力和保护意识，建立企业的知识产权保护体系，是防止“337 调查”最直接有效的策略。

（二）避免侵犯他人的知识产权

在产品向国际市场拓展之前，企业要广泛收集与产品有关的知识产权的情报信息，进行相关市场的知识产权调查，确定出口产品是否侵犯美国的有效的知识产权。对可能涉嫌侵犯知识产权的产品要采取有效措施，防患于未然。首先，对以美国市场为主的产品的研发应先在美国进行专利检索后再投资研发，应事先确定是否有可能涉及该产品的美国专利，或涉及该产品制造方法的美国专利，必要时可请专家分析产品在美国的专利保护状况。其次，企业出口的产品如果存在侵权的可能，可以通过换用非专利方法来避开侵权，也可以从专利权所有人那里取得使用许可，或与美国进口商达成协议，由进口商对侵权行为承担责任；最后，以 OEM、来样加工等方式生产出口产品的企业，应注意下订单的外商有无使用该产品的商标、专利等知识产权的证明文件。如果外商没有提供相应证明文件，则应慎重考虑产品出口可能面临的法律风险。

（三）重视专利研发，加强专利储备

国际市场竞争中，最重要的知识产权形式是专利。我国企业，尤其是

参与国际市场竞争的企业，应制定全面、系统、完备的专利战略，提高整体专利水平。我国企业应重视自有技术的研究和开发，并在主要的销售市场以专利的形式予以保护，不仅应对核心出口产品加大自有技术的研发力度，还应统筹规划相应资源对相关产品、上下游产品和下一代产品的相关自有技术开展研发，以建立稳固的专利储备体系。只有建立起专利储备体系，才能减少被指控侵权的可能，或者被认定为“弱势竞争者”而成为滥诉的目标；同时专利储备体系也有助于企业在被提起“337 调查”时，通过自有专利制约申请人，达成较为有利的应诉结果。

（四）建立企业知识产权联盟

积极在美国申请知识产权，才能真正在知识产权方面避免美国“337 调查”。这是一个企业主动适应“337 调查”规则、合理利用规则、保护自己在美国销售产品和占有一定市场份额的长期战略，企业甚至也可以利用“337 调查”的普遍排除令，达到排除其他企业在美国市场销售类似产品的机会。现阶段，由于大部分企业的规模和实力有限，企业引进或研究出来的新技术还未能通过有效运用知识产权把自身保护起来。为了维护自己的利益，企业可以通过建立企业知识产权联盟的形式联合在国内外申请专利，也可以通过适时大量收购拥有专利技术的小企业以建立自己的知识产权体系。建立企业知识产权联盟后，企业一方面可以实现知识产权互相使用，另一方面可以利用更多的知识产权维护企业联盟的利益。

二、涉案后应积极应对“337 调查”

（一）企业要改变应诉的观念

被诉企业在进行是否应诉的利弊分析时，要改变传统的观念，不仅要考虑应诉成本，还要考虑不应诉带来的实际损失和未来长期的潜在损失；不仅要考虑企业自身的利益，还要考虑不应诉对整个行业的影响；要改变畏难、害怕打官司的心理；要摒弃搭便车的观念，改变寄希望于其他企业应诉的想法。不应诉将是损失最大的一种做法，因为对于“337 调查”案，不应诉的做法就意味着败诉，意味着美国公司用不着打官司就已赢得了胜利，使得生产该项产品的所有中国企业都失去美国出口市场。因此，企业不但要积极地应诉，并且要改变应诉的观念，给美国企业和国际贸易委员会发出一个清楚的信号，就是中国企业不怕打官司。

（二）注重发挥政府、行业协会的作用

我国相关政府部门应通过多种形式，对广大企业特别是涉案企业做好关于“337 调查”的宣传、教育和培训工作，使得企业了解“337 调查”的程序和规则，破除对“337 调查”的陌生和畏惧心理。政府尤其要支持企业提高内部相关人员的专业实力，提高应对“337 调查”的能力，加强应对工作的主导性，减少对律师的盲目依赖性，从而改善应诉效果。对于被诉企业，政府和行业协会可以提供大量的协助和支持。企业在应诉前后应积极主动地同行业协会、政府联系与配合，研究有关问题。首先，政府和行业协会应在企业应诉过程中提供支持和协助。其次，企业也应配合行业协会，通过行业协会的组织和协调，建立一个由行业协会牵头、多家企业联合的应诉机制和费用分摊机制。这一方面可以降低每个企业的应诉成本，分散风险，避免被对手各个击破；另一方面也会产生规模效应，增大胜诉的可能性。最后，由于 337 条款的处罚措施不仅会使整个行业失去美国市场，而且还会牵涉相关的企业、出口商、上下游产品等，行业协会在应诉过程中的组织、协调作用十分重要。

（三）选择合适的应诉策略

总结有关“337 调查”的案例，企业可以采取以下应诉策略：第一，抗辩的策略。被诉企业可以主张申请人专利无效；可以辩称自己的产品没有侵犯对方的知识产权；可以主张申请人的专利具有不可执行性。第二，和解的策略。对于胜诉无望的案件，被诉企业应积极改变策略，争取通过支付一定的知识产权使用费与申诉方达成和解，换取可以继续向美国市场出口，从而将企业的损失降到最低水平。第三，利用反垄断。知识产权属于一种私权，保护的是个体的利益。如果对方的知识产权被滥用，阻碍了社会的技术进步或构成非法垄断，则被申请人可以寻求反垄断法的救济。

美国反垄断法属于调节社会公共秩序的法律，以公共利益为本，当两者发生冲突时，反垄断法一般得到优先适用。第四，聘请称职的美国律师事务所和律师。由于“337 调查”涉及的内容复杂而专业，而异地应诉的难度更是相当大。在我国还没有合适的律师时，企业可聘请在知识产权方面有特长的美国律师事务所和律师。熟悉美国司法程序、精通美国法律条款的实际运用、有很强的独立办案能力和参加调查程序的实践经验的称职的美国律师事务所和律师，是企业打好跨国官司的一个重要条件①。

三、败诉后的策略

如果经过分析，被告可能败诉，或是经过抗辩被认定侵权而败诉，这也并不意味着全军覆没。

首先，被告可以根据 ITC 认定的侵权绕过相关专利重新设计产品，重新获得美国市场。如果遇到实在无法绕过的核心专利，则可以与原告谈判，争取成为被告的 OEM 制造商，即生产贴上原告品牌的产品。这样做当然会让原告有更多的利润，但是如果市场巨大，被告通过薄利多销仍可继续生存下去。

其次，被告还可以与原告谈判获得使用专利的许可，并缴纳合理的许可费。这种做法对被告比较有利，因为专利许可费可以用被许可方的利润为基数，从利润中支付，这是双赢的局面。即使专利持有人坚持要用销售额为基数，被许可方还可以通过谈判，不以整个产品，而仅以涉及专利的零部件的价值为基数，尽量减少许可费。

最后，被告还可以与原告谈判成立合资企业，由原告提供专利技术，在中国制造产品。由于中国的劳动力成本低廉，许多外国公司愿意与中国公司合资生产从而降低成本，这也是一种双赢的局面。

---

① 涂庆丰，张芳．我国企业应对美国“337 调查”的战略思考［J］．当代经济，2011（6）：44 -45．

第五章

中国知识产权保护现状及发展

中国的知识产权制度是伴随着改革开放的伟大实践建立和发展起来的，可以说它既是改革开放的产物，又是改革开放的支撑。1982 年《商标法》、1984 年《专利法》、1990 年《著作权法》相继由全国人民代表大会常务委员会审议通过，其后又经数次修订，加上其他知识产权法律法规的陆续出台，中国的知识产权法律制度一步步实现了从无到有，从引进来到适应国情、植根本土的重要转变，如今已经成为整个中国特色社会主义法律体系的重要组成部分。截至目前，我们已经建立起了一个符合国际通行规则、门类较为齐全的知识产权法律制度，加入了世界主要的知识产权国际公约，成为名副其实的知识产权大国，是知识产权国际规则的坚定维护者、重要参与者和积极建设者。

近年来，在党中央、国务院的坚强领导下，从国家到地方，知识产权事业蓬勃发展，知识产权强国战略在各个层面正深入推进，有力推动了经济发展。在党中央指引下，知识产权政策体系建设空前加强，其巨大推动作用正在显现，各地区、各相关部门深化知识产权领域改革，破除制约知识产权发展的障碍，全面提高知识产权治理能力，推动知识产权事业取得突破性进展，为促进经济提质增效升级提供了有力支撑。

2014 年 12 月，国务院办公厅转发《深入实施国家知识产权战略行动计划（2014—2020 年）》提出，努力建设知识产权强国，为建设创新型国家和全面建成小康社会提供有力支撑；2015 年 12 月，《国务院关于新形势下加快知识产权强国建设的若干意见》印发实施，围绕知识产权强国建设进行了全面部署；2016 年 3 月，国务院知识产权战略实施工作部际联席会议制度建立，国务院分管知识产权工作的领导同志担任联席会议召集人；2016 年 12 月，中央全面深化改革领导小组第三十次会议审议通过了《关于开展知识产权综合管理改革试点总体方案》，并随即由国务院办公厅印发；2017 年知识产权规划列入国家重点专项规划。2018 年博鳌亚洲论坛年会开幕式上，习近平总书记发表主旨演讲，指出加强知识产权保护是完善产权保护制度最重要的内容，也是提高中国经济竞争力最大的激励。李克强总理多次强调保护知识产权就是保护和激励创新，要求进一步加强执法力量，实施更加严格、更有威慑力的侵权惩罚性赔偿制度，为创新提供更加牢靠的保护。2019 年 11 月，中共中央办公厅、国务院办公厅印发《关于强化知识产权保护的意见》，这是首个以中共中央办公厅、国务院办公厅名义出台的知识产权保护工作纲领性文件，在我国知识产权的发展历程中具有里程碑式的重要意义，再一次体现了以习近平同志为核心的党中央对知识产权保护的高度重视，彰显了中国依法保护知识产权的鲜明立场和坚定决心，明确了当前和今后时期做好知识产权保护工作的指导思想、基本原则和总体目标，提出了一系列重要政策措施和有针对性的创新举措，为做好新时代知识产权保护工作提供了根本遵循和行动指南。

第一节　中国知识产权保护成效

当前，我国知识产权保护工作成效得到各界广泛认可，知识产权保护社会满意度和营商环境持续改善，2020 年度，知识产权保护社会满意度稳步提升至 80.05 分。根据世界银行发布的《全球营商环境报告 2020》，中国营商环境排名已经跃升至 31 位。世界知识产权组织发布的 2020 年度全球创新指数显示，中国位列第 14 位。图 5－1 为近年来全国知识产权保护

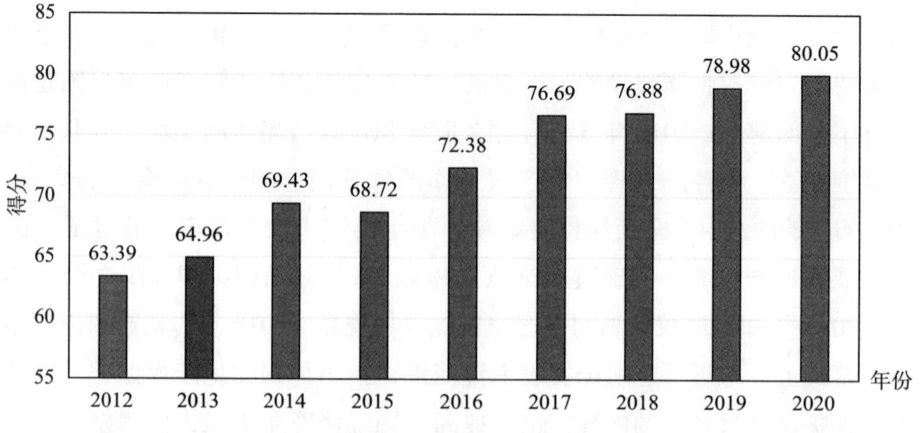

图 5－1　全国知识产权保护社会满意度总体情况

社会满意度总体情况，可以看出，自 2012 年以来，我国知识产权保护工作得到了社会大众的普遍认可，满意度呈显著稳步上升趋势。

一、知识产权审批登记

自我国从 1985 年 4 月 1 日正式受理专利申请以来，我国专利申请量逐年递增，到 1998 年（当年中华人民共和国专利局更名为中华人民共和国国家知识产权局并成为国务院直属机构，这是中国政府为加强知识产权保护所采取的重大举措，标志着中国知识产权事业进入了一个新的发展时期），我国专利申请量 121 989 件，其中，国内申请 96 233 件，占当年总量的 78.9%；国外申请为 25 756 件，占当年总量的 21.1%。在全部专利申请中，发明专利申请为 35 960 件，占 29.5%，这其中国内外发明专利申请量相差不大，实用新型专利申请为 51 397 件，占 42.1%，外观设计专利申请为 34 632 件，占 28.4%，其中实用新型和外观设计申请主要以国内申请为主。自 1985 年 4 月 1 日起至 1998 年 12 月 31 日，中国受理专利申请总量已达 861 506 件，这充分说明了我国建立专利制度的优越性，我国专利保护意识在逐步增强，国外申请人也开始充分利用我国的专利制度来保护其自身在中国市场的合法权益。

我国在 2001 年加入世界贸易组织后，迅速融入全球经济一体化的浪潮中，2008 年，我国正式印发《国家知识产权战略纲要》，当年共受理专利申请 828 328 件，其中国内申请 717 144 件，占总量的 86.6%，受理国外来华申请 111 184 件，占总量的 13.4%，同比增长 3.5%。申请量离百万大关仅一步之遥。2010 年，我国共受理专利申请 122 286 件，首次突破百万大关。2015 年度，受理专利申请 279.9 万件，其中发明专利申请首次超过 100 万件，为 110.2 万件。

中国受理的发明专利申请量连续位居世界第一，而且相继实现了发明专利年申请量和国内有效发明专利拥有量“两个一百万件”的重大突破，成为世界上第一个年发明专利申请量突破 100 万件的国家和继美国、日本之后第三个国内有效发明拥有量突破 100 万件的国家。2020 年，来自国内的国际专利申请受理量达到 6.7 万件，同比增长 17.9%。世界知识产权组织发布的年度报告指出，中国已经成为世界知识产权发展的主要推动力。这反映了我国创新能力不断增强，科技创新成果质、量齐升。目前，中国创新投入的规模和增速进入世界领先行列，研发经费支出从2006年的3003.1亿元增长到2018年的19 677.9亿元，年均增长17%，研发经费支出世界排名从第6位升至第2位。研发人员数量稳居世界第一位，在世界知识产权组织等机构发布的全球创新指数排名中，中国位于中等收入经济体之首，是世界上进步较快的国家之一。

针对专利申请数量的迅猛增长所带来的审查压力，我国自2011年起在京外成立了6家专利审查协作中心，加上处于北京的国家知识产权局专利局和专利审查协作北京中心，我国专利审查员队伍近15 000人，有效地缓解了审查压力，有力地保证了专利申请的审查周期。目前，我国可授权专利审查周期基本可控制在22个月内，高价值专利审查周期可控制在17.5个月以内。

我国在2002年实施了新《商标法》和《中华人民共和国商标法实施条例》（以下简称《商标法实施条例》），自其实施以来，我国商标注册保护工作不断取得新进展新突破。截至2020年年底，我国商标累计注册量达3 447.5万件，商标平均注册审查周期缩短至4个月内，赶超经合组织（OECD）成员国中实行在先权利审查国家的平均水平。

据世界知识产权组织统计，2020年共收到中国申请人提交的马德里商标国际注册申请7 553件，在马德里联盟中排名第三。截至2018年年底，中国申请人马德里商标累计有效注册量达30 871件，外国申请人指定中国的马德里商标国际注册申请26 082件，审查96 748（类）件，审查周期缩短至6个月以内。

二、知识产权行政执法

近年来，我国各级行政执法机关不断加大执法力度，执法效能持续提升，特别加大了专利行政执法力度，每年均开展包括“护航”“雷霆”的各类知识产权执法专项行动，因此我国专利执法案件数量逐渐上升，几乎一年上一个台阶。专利执法案件数量的逐年上升，主要有以下三个方面的原因。

一是伴随着国家知识产权战略的实施和知识产权文化的宣传普及，全社会专利保护意识全面普及，维权意识不断加强；二是专利执法能力不断提升，国家知识产权局为地方知识产权执法人员组织专题培训班，有力地提高了专利行政执法案件的效率；三是随着我国经济社会发展逐步转向创新型，社会对创新的投入力度不断增大，全社会也更注重对自己创新成果的保护。

近年来，随着我国展会经济、电子商务经济的迅猛发展，在各类大型展会和电子商务领域的专利侵权纠纷逐渐增多，我国重点加强了大型展会、电子商务等重点领域及场所的专利保护。2016 年，我国专门成立了中国电子商务领域专利执法维权协作调度中心，通过建立全国各省知识产权执法主体与浙江省内电子商务平台之间的协作机制，有效解决电商专利侵权跨省执法问题，比如中国进出口商品交易会（广交会）就专门设置了知识产权投诉处理工作站，组织专业知识产权服务工作人员为展会的参展商提供知识产权保护维权服务，保护了参展商的知识产权权益。

三、知识产权司法保护

自党的十九大以来，随着全面依法治国的深入推进，我国知识产权司法改革不断深化，特别是在知识产权司法领域取得了一系列显著成效。

一是出台指引改革的纲领性文件。2018 年 2 月，中共中央办公厅、国务院办公厅印发《关于加强知识产权审判领域改革创新若干问题的意见》，对知识产权审判体制机制改革作出全面部署。二是建立国家层面知识产权案件上诉审理机制。最高人民法院设立知识产权法庭，主要审理专利等专业技术性较强的知识产权上诉案件。三是加大知识产权审判“三合一”改革力度。知识产权民事、行政、刑事案件审判“三合一”改革，在全国法院全面深入推进。截至 2018 年年底，全国已有 17 家高级人民法院、113 家中级人民法院和 129 家基层人民法院实行“三合一”。四是加强知识产权审判机构建设，批复设立知识产权法庭。知识产权法庭的设立对于进一步完善知识产权保护机制，统一知识产权司法裁判尺度，提升审判质量，发挥司法保护知识产权的主导作用，维护市场秩序和市场主体合法权益，实施创新驱动发展战略，具有重要意义。

第二节 知识产权与经济发展关系

众所周知，知识产权保护的最终目的是促进经济社会和文化的发展，而社会经济的发展又反过来影响着知识产权保护水平的高低。根据知识产权保护与经济发展关系的主流观点，不同经济发展水平的国家，知识产权保护对经济增长的影响是存在区别的。从前文所介绍的各种类型知识产权的起源、发展、变化历程不难看出，知识产权保护水平的选择和制定已经成为各国经济社会发展和知识创新战略的重要基础和制度保障。许春明在《知识产权制度与经济增长关系的实证研究》中指出，作为一国经济基础制度之一的知识产权制度，正是以提高知识创新和技术进步水平为直接目的，以促进经济增长为最终目标，其积极影响有以下几方面。

（1）激励知识创新和技术发明。这是知识产权制度最直接的目的，正所谓“天才之火上添加利益之油”。

（2）促进技术扩散。知识产权制度促进技术扩散的作用，主要通过三个途径：货物和服务国际贸易、跨国公司的 FDI、技术和商标许可。尽管存在三个技术扩散途径相互替代转化的情况，但加强知识产权保护能显著促进技术扩散。

（3）促进信息的获取和传播。我们都知道，专利制度是一种典型的“以公开换取保护”的机制。专利法鼓励将发明向社会公开，在专利申请满足了“充分公开”这一前提条件且同时具备授予专利权的其他要件的情况下，专利法通过授予专利权来保护发明人的利益从而鼓励发明创造。这大大加快了信息的扩散，方便社会公众对于信息的获取，使得大量的改进发明不断涌现，促进了科技进步和社会发展。① 技术信息的载体主要体现在专利文献中，据不完全统计，目前世界上 90% 的技术知识都能在专利文

① 许春明. 知识产权制度与经济增长关系的实证研究［M］. 北京：知识产权出版社，2009：198.

献中找到。

知识产权保护制度会引发经济成本和社会成本的增加，主要体现在以下几个方面。

（1）容易形成垄断。知识产权本身具有垄断性质，权利人势必会追求利润最大化，势必会牺牲社会公众的公共利益。热播电影《我不是药神》就反映了这一现象。

（2）技术模仿成本增加。强知识产权保护下，仿冒、复制等行为将被禁止，通过模仿获取技术的成本大大提高，技术使用者不得不支付高额的知识产权许可费用，导致使用技术的成本大大提高。

（3）管理执法成本增加。对于加入 TRIPS 的发展中国家，其必须与 TRIPS 所规定的知识产权国际保护标准接轨，需要付出大量的制度建设、实施和管理成本。以中国为例，中国《专利法》在 2000 年进行第二次修改的一个不可忽视的因素就是为了能够满足加入 WTO 的需求。

对于发达国家来说，其市场体系完善、市场竞争充分，掌握了绝大部分的知识产权，因此上述消极影响对于其来说影响不大，但对于发展中国家来说就显得尤为不利。据研究表明，根据 TRIPS，美国从现有专利每年能获得 57.6 亿美元净租金收入，而巴西、印度每年净支出的专利费分别为 17 亿美元和 4.3 亿美元。

我们都知道，世界知识产权组织成员均需要遵守 TRIPS。在经过多轮谈判后，以知识产权保护为例，TRIPS 中规定了成员方所需要遵守的基本规则和最低要求。进入 20 世纪后，以美国为首的发达国家，希望所有成员实施更加严格地知识产权保护，我们可以称之为“TRIPS +”规则，而发展中国家，从自身的经济发展水平出发，希望现阶段实施的知识产权保护水平能够更加匹配自身经济发展水平，我们可以称之为“TRIPS -”规则。由于以美国为首的发达国家掌握了世界上的大部分先进科技技术，希望通过更强的知识产权保护来强化自己权利人的市场地位。而对于发展中国家来说，实施更弱化的知识产权保护，能够降低自身的技术模仿成本等。以日本的经济形势发展和知识产权保护策略变化为例，我们可以清楚地看出，“二战”之后日本知识产权保护策略主要经过三个阶段（如表 5－1）。总体上看，在其经济发展初期主要采取弱知识产权保护策略，但伴随其经济发展，日本开始逐步实施较强的知识产权保护策略。

表 5-1 日本不同阶段的知识产权保护策略

时期	发展阶段	阶段特征
20 世纪 50 年代至 80 年代	技术模仿立国阶段	在消化吸收引进技术的基础上进行自主技术创新（改进型创新）
20 世纪 80 年代至 21 世纪初	技术创新立国阶段	以开发基础技术为主振兴国家（基础技术创新）
21 世纪初至今	知识产权立国阶段	知识创造、知识产权保护及利用（技术创新、知识产权保护和利用）

一般来说，当发展中国家经济发展水平或技术能力较低时，经济发展水平提高所产生的模仿效应优于创新效应，国家应弱化知识产权保护水平或者说选择与经济水平相当的知识产权保护水平；当经济高于特定水平时，其所产生的创新效应优于模仿效应，国家应强化知识产权保护水平。①

我国加入 WTO 以来，符合国际知识产权保护要求的知识产权法律法规体系不断完善，知识产权保护意识不断增强，执法能力持续提升，营造了良好的营商环境，知识产权制度对我国经济增长功不可没，下文将围绕我国的知识产权保护现状和发展趋势进行介绍。

第三节 中国知识产权保护典型案例

一、审协广东中心技术支撑格力诉奥克斯案

在知识产权特别是专利侵权纠纷案件中，无论是司法审判还是行政执法，都绕不开对涉案专利的保护范围分析，而专利文献是用法律语言描述的技术方案，这就要求法官或执法人员具备相当的法律素养和技术素养。而现实情况是，裁判者在技术素养方面的储备较为不足，因此涉及一些专

① 张伟. 经济发展中我国适度知识产权保护水平研究［D］. 南京：南京大学，2012.

利侵权纠纷案件时需要借助外部专家对权利要求保护范围、被控侵权产品的技术特征进行分析和比对，在此基础上最终作出判断。为了更加有效地支撑好地方知识产权保护工作，服务大局，国家知识产权局专利局专利审查协作广东中心（以下简称“审协广东中心”）自2017年起就陆续与广东省法院系统、广东省知识产权局建立了专利侵权案件技术支撑的长效合作机制，针对专利侵权纠纷案件给出技术咨询意见，助力地方知识产权保护。

审协广东中心审查员的专业技术知识和专利审查经验能够保证知识产权审判中涉技术类案件的技术事实客观正确，从而为知识产权审判的顺利开展保驾护航。审协广东中心累计组织选拔两批次共计52名审查员受聘为广州知识产权法院技术顾问。技术顾问以轮班的方式，派驻在广州知识产权法院工作，共已协助完成百余件诉讼案件的技术调查工作，案件类型覆盖外观设计、发明、实用新型等，涉案金额过亿，其中备受社会关注的格力诉奥克斯一案的技术支撑工作就由审协广东中心审查员承担。

空调行业巨头珠海格力电器股份有限公司（以下简称“格力”），因认为宁波奥克斯空调有限公司（以下简称“奥克斯”）销售的空调产品侵犯了其拥有的实用新型专利权，故格力将奥克斯诉至广州知识产权法院，索赔额高达4000万元。2017年，在该案一审过程中，受广州知识产权法院委托，审协广东中心的技术顾问为该案出具了技术调查意见。广州知识产权法院希望技术顾问从两个方面来协助技术调查：第一是关乎侵权是否成立的十个焦点技术问题，第二是评估被告提出的无效宣告请求。

审协广东中心的三位技术顾问接受委托后，第一时间组建了专项工作组，克服了审查任务繁忙的困难，在接受法院委托一个月内做出了详细充实的技术调查意见。针对关乎侵权是否成立的十个焦点技术问题，技术顾问对授权文本的权利要求与被控侵权产品的技术特征进行客观认真地对比，同时对无效宣告请求人提供的中外文对比文件进行仔细研究、比对、讨论、合议，最终将技术分析比对结论及时反馈给广州知识产权法院，得到了法官、技术调查官的一致认可。在上述基础上，广州知识产权法院对该案件做出了一审判决，以下是案例相关介绍。

原告格力与被告奥克斯、被告广州晶东贸易有限公司（以下简称“晶东”）侵害实用新型专利权纠纷案①，原告提出诉讼请求：①被告奥克斯公司立即停止制造、销售、许诺销售侵害原告涉案专利权的空调机，并销毁侵权产品库存及生产侵权产品的专用模具；②被告奥克斯公司赔偿原告经济损失及维权合理费用共人民币4 000万元；③被告晶东公司立即停止销售、许诺销售侵害原告涉案专利权的空调机。事实和理由：我方是ZL200820047012. X“一种空调机的室内机”实用新型的专利权人。被告奥克斯公司生产、销售、许诺销售的八个型号被诉产品使用了我方涉案专利技术。被告晶东公司在京东商城销售、许诺销售了被诉产品。我方认为，两被告的行为未经我方许可，侵害了我方涉案专利权。且被告奥克斯公司还构成重复恶意侵权。为维护我方合法权益，请求法院判如所请。

被告奥克斯公司辩称：①我方申请宣告原告涉案专利权无效，本案应中止审理等待无效审查结果；②被诉产品未落入原告专利权保护范围；③被诉产品使用的是现有技术；④原告索赔4 000万元依据不足。综上，请求驳回原告全部诉讼请求。被告晶东公司辩称：我方销售的被诉产品是从被告奥克斯公司购进，有合法来源。

法院经审理查明，认定奥克斯公司侵犯了格力公司的专利权，并最终作出了高达4 000万元的侵权赔偿判决。

本案中，原告并未就其实际损失提供证据，而是明确以被告奥克斯公司的侵权获利作为计算赔偿的依据。就该被告的侵权获利，原告主要提供了奥维云网对被诉产品的统计数据、京东商城显示的被诉产品销售数据、主要空调厂商的利润率等证据。法院认为，原告已就被告奥克斯公司侵权获利初步举证。由于被诉产品获利的账簿、资料主要由被告奥克斯公司掌握，故法院决定适用相关司法解释关于文书提交命令的规定，责令该被告限期提交。同时为检验被告奥克斯公司提交数据的真实性，法院亦责令被告晶东公司限期提交其销售情况的账簿、资料。两被告虽按时提交了统计表及明细，但统计的数据仅涉及四个型号被诉产品，销售范围仅限于华南部分区域，显然不符合法院的命令要求。而且，两被告均未提交统计数据

① 广州知识产权法院. 知识产权精品案例评析：2018［M］. 北京：知识产权出版社，2019：40－50.

所依据的原始凭证，并以封存或公司内部规定为由明确拒绝提供。故上述数据不能证明被告奥克斯公司的侵权获利。

被告奥克斯公司无正当理由拒不提供其侵权获利的账簿、资料，导致法院无法查明其侵权获利，应承担举证妨碍责任。在此大前提下，法院根据相关司法解释的规定，综合考虑“线上销售额、线下销售额、利润率、技术贡献率、侵权性质和主观恶意、合理费用”，对原告索赔数额的合理性进行分析评判（由于原告所举主要为间接证据，故必然涉及合理推定），认为原告索赔 4 000 万元合法有据，并未超出合理范围，故予以全额支持。

本案为空调类实用新型专利权纠纷，涉案企业为生产空调的知名企业，从开庭到宣判，均引起社会各界的高度关注，反映了企业在科技创新中的竞争激烈程度。在确定赔偿数额环节，当前的导向为：一是加大对发明、实用新型专利的保护力度，依法从高确定侵权赔偿额；二是在重复侵权、恶意侵权纠纷中适用惩罚性赔偿机制；三是以专利的市场价值为依据，以保护创新者合法权益、让侵权者付出相应代价为目标，公正合理确定赔偿数额；四是倡导在民事活动和诉讼中遵守诚实信用原则，通过证据披露、举证妨碍制度解决赔偿数额确定问题。在权利人已经尽力举证情况下，侵权人掌握与侵权相关的账簿资料但拒不提供的，参考权利人主张和提供的证据判定赔偿效额。

因此，在已初步证明奥克斯公司侵权获利巨大的情况下，本案适用上述规则，并着重考虑奥克斯公司侵权行为属于源头性侵权、恶意侵权及重复侵权，全额支持了专利权人主张的赔偿数额，刷新了家电行业专利侵权赔偿额的记录，引起巨大社会反响。此判决不仅严厉打击了侵犯自主知识产权的行为，有利于营造公平竞争的市场环境，也保护了自主创新成果，驱动企业核心技术升级。本案的审判取得了良好的法律效果和社会效果。

后续奥克斯提出上诉，2019 年 8 月 30 日，广东省高级人民法院作出二审判决，维持广州知识产权法院一审原判，认定奥克斯恶意侵权成立。随后，奥克斯不服此项判决，并提出再审请求，2020 年 3 月广东省高级人民法院宣布维持原判，历时 3 年多的格力诉奥克斯侵犯专利权一案尘埃落定。这一判决的赔偿金额刷新了空调行业专利诉讼案赔偿金额的最高纪录，也再次引发了业内人士对专利诉讼的热烈讨论。最终，这个案件入选了国内知识产权行业2018年度十大典型专利案件，同时还入选了2019年度广东省知识产权审判十大案件。这个案件充分说明了“知识产权是企业的核心竞争力，一个企业想要变大、变强，就一定要有属于自己的知识产权”。

二、来电公司诉街电公司、永旺梦乐城公司案

来电公司起诉称，来电公司是两涉案实用新型专利的专利权人，两涉案专利分别为ZL201520103318.2“吸纳式充电装置”和ZL201520847953.1“移动电源租用设备及充电夹紧装置”，目前处于有效状态，保护的技术方案具有巨大的商业价值。来电公司指控街电公司侵权的均为除去北京知识产权法院（2017）京73民初356、357号两案及深圳市中级人民法院（2017）粤03民初1090、1092、1708、1711号四案所涉产品之外的柜式机、屏幕机等多款大机型产品。来电公司认为，未经来电公司许可，街电公司制造、销售、许诺销售、使用侵害来电公司两涉案专利权的产品，永旺梦乐城公司使用侵权产品，均构成专利侵权。来电公司请求法院判令：街电公司立即停止制造、销售、许诺销售、使用侵害来电公司ZL.201520103318.2“吸纳式充电装置”、ZL201520847953.1“移动电源租用设备及充电夹紧装置”专利权的产品，并销毁在用侵权产品及专用模具，永旺梦乐城公司立即停止使用行为：街电公司赔偿来电公司经济损失及为制止侵权所支付的合理支出每案1 800万元，两案共计3 600万元，并承担本两案全部诉讼费用①。

法院在酌情确定赔偿数额过程中秉持“比例协调”原则，在双方当事人证据都趋弱的情况下按照优势证据规则予以判定：同时，遵循“能精算则精算、不能精算则估算”的推算思路，考虑待证事实的高度可能性及多方因素，确保推算结果的公允性。综合从被控侵权方估算获益、产品规模、贡献、侵权性质、案件合并等多方面因素最终确定赔偿数额，确定每案赔偿金额为1 500万元，两案共计3 000万元。一审判决后，街电公司、

① 广州知识产权法院. 知识产权精品案例评析：2018［M］. 北京：知识产权出版社，2019：60－71.

永旺梦乐城公司均不服，向广东省高级人民法院提起上诉。

技术创新成果的生命在于运用。专利作为技术创新成果转化固化的一种形式，其价值包括技术价值、市场价值等多个维度。在市场经济中，专利的市场价值反映了技术成果的需求关系，一项让人趋之若鹜的专利一定是能够很大程度上满足当前技术需求的创新成果。本案专利涉及共享充电宝技术，很切合当前人民群众的需要，吸引了具有灵敏嗅觉的民间资本大量涌入，进而导致专利侵权纠纷成为各方博弈的重中之重。基于此，无论从服务和保障科技创新的角度，还是从维护市场秩序、营造良好的法治营商环境等角度讲，维护专利的市场价值，都是知识产权司法保护不可或缺的职责。而加大侵权赔偿力度，则是严格保护知识产权的应有之义。

关于赔偿数额的确定，鉴于当事人对于专利侵权导致的权利人损失或者侵权者获益均无直接证据予以证实，故对该问题进行酌情确定。酌情确定赔偿数额过程中，秉持“比例协调”原则，按照民事诉讼的证据规则，综合考虑当事人举证的权利能力和实际举证，当事人对自己主张的事实或请求怠于举证将承担不利后果，双方当事人证据都趋弱的情况下按照优势证据规则予以判定；同时，遵循“能精算则精算、不能精算则估算”的推算思路，结合日常生活经验法则和商业惯例予以甄别和认定，考虑待证事实的高度可能性，考虑多方因素确保推算结果的公允性。

法院以裁量性酌定的方式，先分析证据的可采性，再穷尽各项参数进行推算，确定街电公司在每案向来电公司赔偿经济损失 1 500 万元，两案共计 3 000 万元。特别需要指出的是，考虑到街电公司实施了制造、使用的侵权行为，在性质上属于源头行为。而且，两案发生前，街电公司曾因侵害来电公司相同专利权被北京知识产权法院一审判决停止侵权及赔偿损失；法院还对案件作出诉中裁定，责令街电公司停止侵权行为，但在裁定作出两个多月后，市场上还存在侵权产品，还查明街电公司通过向其合作商户发表声明及寄送告知函的形式，鼓动相关商户配合其持续侵权，可见街电公司主观恶意十分明显。此情节导致了加倍赔偿，以估算结果乘以 3 进行推算。

另外，侵权赔偿数额确定过程中须考虑产品的市场周期。目前共享充电宝行业中的企业大多处于抢占市场份额“铺货”的阶段，前期投入资金大都用于企业的扩大再生产，故在某一时间点上可能会处于亏损状态，这种现象是资本投资基于长线利益所致，不适用于专利侵权获益，因此，法院不采纳街电公司以此为由提出的抗辩①。

三、古丽亚诺集团股份公司与科星汽车设备（珠海）有限公司专利纠纷案

请求人古丽亚诺集团股份公司拥有名称为“用于拆卸和装配车辆轮胎的操作头”，专利号为ZL200910175775.1的发明专利权，该专利于2009年10月13日申请，2015年3月4日授权并公告。请求人就其与被请求人科星汽车设备（珠海）有限公司的发明专利侵权纠纷，向广东省知识产权局请求处理②。

广东省知识产权局于2016年3月11日受理立案，2016年3月17日派执法人员到被请求人科星汽车设备（珠海）有限公司进行了现场勘验。2016年4月7日，广东省知识产权局对本案进行了口头审理，双方当事人均进行了充分地意见陈述，请求人确认只主张涉案专利的独立权利要求。

2016年5月27日，广东省知识产权局收到被请求人答辩意见称，涉案专利的权利不稳定，极有可能被宣告无效，应当中止本案审理（其他答辩意见略）。同时，被请求人提交了9份证据材料，为涉案专利在申请阶段的审查文档。

广东省知识产权局于2016年5月31日将被请求人答辩意见转寄给请求人。2016年6月16日，广东省知识产权局收到请求人针对被请求人答辩意见寄来陈述意见称，被请求人所提出的新的证据均已超出举证期限，应当不予考虑；被请求人答辩意见提交的审查文档是非正常途径获得的，不具有合法来源。

2016年6月17日，广东省知识产权局收到被请求人提交的申请中止

---

① 广州知识产权法院．知识产权精品案例评析：2018［M］．北京：知识产权出版社，2019：60－71．

② 粤知执处字〔2016〕第5号专利纠纷案件处理决定书。

审理请求书称，2016 年 6 月 12 日已向国家知识产权局专利复审委员会针对本案专利提起无效宣告请求，请求我局中止本案审理，并附国家知识产权局专利收费收据、专利权无效宣告请求书及其附页，以及 7 份附件。

广东省知识产权局认为：被请求人未在答辩期内提起无效宣告请求，不符合案件中止申请的条件，根据国家知识产权局《专利行政执法办法》第 14 条，于 2016 年 6 月 28 日作出专利侵权纠纷案件不予中止处理通知书。

2016 年 7 月 11 日，广东省知识产权局做出行政处理决定：①责令被请求人立即停止侵权行为，即停止使用、许诺销售与 ZL200910175775. 1 发明专利技术方案相同的产品，消除影响，并且不得进行任何实际销售行为；②责令被请求人销毁侵权产品。对于请求人的其他行政处理请求，没有相关的法律法规依据，我局不予支持。

2016 年 12 月 14 日，应科星汽车设备（珠海）有限公司的无效宣告请求，国家知识产权局作出第 30902 号无效宣告请求审查决定书，宣告发明专利 ZL200910175775. 1 全部无效。

科星汽车设备（珠海）有限公司不服广东省知识产权局的行政决定，向广州市知识产权法院起诉，广州市知识产权法院于 2016 年 12 月 29 日作出判决，认为广东省知识产权局作出行政处理决定依据的专利权已经被宣告无效，依据《专利法》关于“宣告无效的专利权视为自始即不存在”的规定，根据新出现的情况，充分考虑公平原则，广东省知识产权局作出涉案处理决定已经失去事实依据，为保护专利纠纷当事人的合法权益，涉案处理决定应予撤销，并由广东省知识产权局重新作出行政行为。当然，对于涉案处理决定被撤销，广东省知识产权局本身并无责任。判决撤销广东省知识产权局粤知执处字〔2016〕第 5 号专利纠纷案件处理决定书；责令广东省知识产权局重新作出行政处理决定。

被告广东省知识产权局以及第三人古丽亚诺集团股份公司不服一审判决，上述至广东省高级人民法院。广东省高级人民法院于 2017 年 6 月 23 日作出终审判决，认为依据《专利法》关于“宣告无效的专利权视为自始即不存在”的规定，广东省知识产权局涉案专利侵权纠纷行政处理决定书已经失去事实依据，该决定从内容到后果，是对一个并不存在侵权行为的主体进行行政处理，从实质上损害了被处理人的权益，为保护专利纠纷当事人的合法权益，该处理决定应予撤销。故一审法院根据新出现的情况，充分考虑公平原则，判决撤销该处理决定，并无不当。

针对古丽亚诺公司上诉声称的其已对无效宣告请求审查决定书提起行政诉讼，并主张涉案专利尚有可能恢复权利，请求撤销一审判决或者中止本案审理的主张，广东省高院认为，根据《最高人民法院关于审理侵犯专利权纠纷案件应用法律若干问题的解释（二）》第二条规定："权利人在专利侵权诉讼中主张的权利要求被国务院专利行政部门宣告无效的，审理侵犯专利权纠纷案件的人民法院可以裁定驳回权利人基于该无效权利要求的起诉。有证据证明宣告上述权利要求无效的决定被生效的行政判决撤销的，权利人可以另行起诉。"该条司法解释的颁布，就是为了解决专利侵权案件审理周期长，社会公众的经营活动不能有效、稳定开展而进行的制度设计。根据该条款规定，如果日后古丽亚诺集团股份公司通过行政诉讼恢复涉案专利权，古丽亚诺集团股份公司有权以新发生的事实为理由再次维权，并对因此所遭受的经济损失在后续法律程序中寻求救济。故广东省知识产权局与古丽亚诺集团股份公司以被诉处理决定合法且可能导致重复处理为理由，请求撤销一审判决的上诉理由，缺乏事实与法律依据，本院不予支持。

《专利行政执法操作指南（试行）》虽然规定被申请人有权提出"因提出专利无效宣告请求申请中止"，但是否中止处理可由管理专利工作的部门自主决定，在《专利行政执法操作指南（试行）》中使用的是"符合条件的可以予以中止"的表达。而管理专利工作的部门是否中止处理需要更进一步地考虑。"专利行政保护"作为保护知识产权另一条途径，其突出的一大特点就是"快"，专利权人的权利能够尽快得到保护，限制损失的扩大。若专利纠纷案件无差别的因"专利权无效宣告申请"而中止延期，不符合"大保护"的知识产权保护格局的建设。此外，若仅仅为了"快"而忽视"专利无效宣告请求"给专利纠纷行政决定带来的风险，又会使得专利行政部门陷入如本案一般的为难境地。这对专利行政部门提出了新的挑战，需要在"快保护"与专利纠纷处理的准确性之间选择一个恰当的平衡。

该案处理过程中，申请人曾提出应无效宣告而中止处理的请求，但未被接受。后知识产权局做出的专利纠纷行政处理决定因专利无效而被法院撤销。该案厘清了专利无效的法律效力、专利纠纷行政处理中止程序二者之间的关系。

第四节　中国知识产权保护未来发展

如前所述，党的十八大以来，我国知识产权保护取得了可喜的成绩，营商环境持续优化，但是我们应该清醒地认识到我国知识产权保护还存在“取证难”“周期长”“赔偿低”“成本高”等一系列问题，最近举世瞩目的中美贸易摩擦中，一个重要的焦点就是中国的知识产权保护问题。

一、加强知识产权保护体系建设

面对我国知识产权事业发展的新局面，结合新形势下我国知识产权事业发展的新要求，2019 年 11 月，中共中央办公厅、国务院办公厅印发了《关于强化知识产权保护的意见》，其中明确指出：坚持严格保护、统筹协调、重点突破、同等保护，不断改革完善知识产权保护体系，综合运用法律、行政、经济、技术、社会治理手段强化保护，促进保护能力和水平整体提升。力争到 2022 年，侵权易发多发现象得到有效遏制，权利人维权“举证难、周期长、成本高、赔偿低”的局面明显改观。到 2025 年，知识产权保护社会满意度达到并保持较高水平，保护能力有效提升，保护体系更加完善，尊重知识价值的营商环境更加优化，知识产权制度激励创新的基本保障作用得到更加有效发挥。

笔者以为，要构建完善好知识产权保护体系，主要要从以下几个方面入手。

（一）严保护

如《关于强化知识产权保护的意见》明确指出，要强化制度约束，确立知识产权严保护政策导向。在当前依法治国深化改革的前提下，我国首要应加快推动知识产权相关法律修订完善工作，研究制定侵权惩罚性赔偿措施。在商标领域，2019 年 4 月全国人大常委会修改的《商标法》，进一步加大了对侵犯商标专用权行为的惩罚力度，修改条款将恶意侵犯商标专用权的赔偿额由一倍以上三倍以下提高到一倍以上五倍以下，并将法定赔偿额上限从 300 万元提高到 500 万元。在专利领域，2021 年 6 月 1 日起实行的《专利法》中设置了惩罚性赔偿制度："侵犯专利权的赔偿数额按照权利人因被侵权所受到的实际损失或者侵权人因侵权所获得的利益确定；权利人的损失或者侵权人获得的利益难以确定的，参照该专利许可费的倍数合理确定。对故意侵犯专利权，情节严重的，可以在按照上述方法确定数额的一倍以上五倍以下确定赔偿数额。权利人的损失、侵权人获得的利益和专利许可使用费均难以确定的，人民法院可以根据专利权的类型、侵权行为的性质和情节等因素，确定给予三万元以上五百万元以下的赔偿。"加大违法成本，增加惩罚性的赔偿力度，这样才能有效扼杀住侵权的源头，让侵权人回归到事前合法授权的层面，更好地保障专利权权利人的合法权益。

《专利法》进一步完善了专利侵权案件的举证责任分配，对于专利侵权审判实践，由于权利人往往很难证明自己的实际损失和对方的侵权获利证据（相关证据掌握在侵权人手中），而司法审判中对于举证责任的分配通常遵循"谁主张、谁举证"的原则，因此对于专利权人来说十分不利，为了最大化维护权利人的利益，明确指出：在权利人已经尽力举证，而与侵权行为相关的账簿、资料主要由侵权人掌握的情况下，可以责令侵权人提供与侵权行为相关的账簿、资料；侵权人不提供或者提供虚假的账簿、资料的，人民法院可以参考权利人的主张和提供的证据判定赔偿数额。增加的条款是《民事诉讼法》原则在专利领域的具体应用，是进一步改善权利人举证难的有力举措。

（二）大保护

目前，我国对于知识产权侵权纠纷问题，主要是通过行政处理和司法审判的途径来解决，但是无论是行政处理还是司法审判，由于其本身法定程序的制约，都会有一些无法克服的缺陷存在，比如司法审判的高成本和长周期，行政处理的非终极性等。然而，知识产权纠纷具有当事人利益多元化、诉求多样化、市场复杂化、技术难度高等特征，行政处理和司法审判无法兼顾市场利益和权利人利益，无法满足权利人的维权需要。近年来，我国在知识产权多元化纠纷解决机制上进行了许多有益的探索和尝试，包括推进知识产权仲裁、调解，加强个人诚信管理和行业自律，探索建立失信惩戒机制等，初步形成了知识产权多元化的纠纷解决机制，为创新主体提供更多元化的纠纷解决途径。

比如2016年6月，最高人民法院明确提出在知识产权等重点领域支持行政机关或者行政调解组织依法开展行政和解与行政调解工作。同时积极推动设立商事调解组织、行业调解组织，在投资、金融、知识产权等领域提供商事调解或者行业调解服务，完善司法确认程序，为推进知识产权纠纷的多元化解决给出了宏观的制度安排。2017年3月，国家知识产权局明确提出要探索形成知识产权纠纷多元化解决机制，为权利人提供更多的争议解决途径和维权选择。各地方在人民调解和知识产权纠纷人民调解工作方面也制定了地方性文件和规定并进行了实践和探索，据有关数据显示，2015年以来，北京、江苏、上海等省市纷纷开展知识产权纠纷人民调解以及仲裁调解的试点工作，其中上海在2016年全年涉及知识产权纠纷人民调解案件结案200余件。

知识产权仲裁是一种根据法律与公平原则作为终局裁决的非司法争议解决程序，根据当事人之间的约定由第三方仲裁机构居中裁判解决纠纷。相比司法审判，其具有程序快速、方式灵活、费用较低的特点，有利于当事人的商业秘密保护，因此知识产权仲裁机构目前在欧美和亚洲一些知识产权保护程度高的国家比如新加坡非常普遍，其相应的仲裁调解能力也非常突出。我国在2018年开始开展知识产权仲裁调解机构能力建设工作，确定了首批中国专利保护协会知识产权纠纷人民调解委员会等29家机构，建设期为2年，重点支持其加强能力建设和提高化解知识产权纠纷的水平，进而提升仲裁调解工作的社会认知度和认可度。

可以预见的是，为进一步满足创新主体对于通过仲裁调解方式来解决知识产权纠纷的需求，我们国家势必会大力培育发展知识产权仲裁、调解机构，加强行业性、专业性的人民调解组织建设，完善仲裁制度，积极构建知识产权大保护的工作格局。

此外，我国还在知识产权（专利）领域开展了对严重失信主体联合惩戒的工作。2018 年，国家多达 38 个部委机构联合发布了关于对知识产权（专利）领域严重失信主体开展联合惩戒的合作备忘录，其中规定了 6 种明确失信行为，分别为：①重复专利侵权行为；②不依法执法行为；③专利代理严重违法行为；④专利代理人资格证书挂靠行为；⑤非正常申请专利行为；⑥提供虚假文件行为。通过信息共享开展联合惩戒，对联合惩戒措施进行了具体明确，从备忘录中实施主体来看，国家发展改革委、财政部、中国人民银行、中国证监会等机构采取的惩戒措施比较多元化，对于法人等知识产权失信主体来说，严重失信意味着在享受财政政策、融资、资本运作方面将会遭遇很大阻碍。该合作备忘录的签署，有助于加强诚信体系建设，从源头上预防知识产权侵权事件，进一步健全知识产权大保护的工作体系。

（三）快保护

针对知识产权维权周期长的问题，在《关于强化知识产权保护的意见》中明确指出：加强专利、商标、植物新品种等审查能力建设，进一步压缩审查周期。重点提高实用新型和外观设计专利审查质量，强化源头保护。加强知识产权快保护机构建设。在优势产业集聚区布局建设一批知识产权保护中心，建立案件快速受理和科学分流机制，提供快速审查、快速确权、快速维权“一站式”纠纷解决方案。

截至 2021 年 5 月 15 日，我国已经批复建设了 49 家知识产权保护中心，覆盖新一代信息技术、高端装备制造、生物医药等近 20 个产业。保护中心布局建设已经初具规模。根据知识产权保护中心的快速审查运行机制，发明专利授权周期控制在 90 天以内，实用新型授权周期控制在 30 天以内，外观设计专利授权周期控制在 10 天以内，快速审查机制使相关专利审批速度与产品研发上市周期同步，极大凸显了“快保护”优势。此外，保护中心对备案企事业单位进行非正常专利申请核查，有效拦截了部分非正常或低质量专利申请。对拟申请的专利提前进行检索的预审设计进一步控制了申请质量，同时通过保护中心提交的三种专利申请，发明专利申请授权率高于70%，实用新型和外观设计高于95%，有力地支撑了申请质量。但是在之前保护中心的建设和发展中也存在一些问题，例如建设周期过长，布局数量和产业领域不能满足各地的旺盛需求，保护中心业务能力还需要完善和进一步提高。由于运行时间普遍较短，已批复保护中心业务重点主要放在专利预审方面，确权、维权援助、分析导航等方面，业务还未全面推开。

（四）同保护

随着我国知识产权保护体系不断完善，越来越多的跨国企业选择把地区总部、研发中心建在中国，加快在中国布局的步伐。特别是对于国外的一些高科技公司，知识产权就是其生命线和核心竞争力，知识产权保护对其至关重要。所谓同保护，简单理解，就是对于大型企业和中小微企业、国内企业和国外企业同等保护，对于创新主体一视同仁、同等保护，塑造知识产权同保护的环境，营造稳定、公平、透明、可预期的营商环境。对此，外资企业有要求，中国企业更有要求，随着中国经济的发展，越来越多的企业扬帆出海，在海外开疆拓土。近年来，中国企业涉外知识产权纠纷频发，中国企业作为被诉方的新闻屡见报端，大部分中国企业在涉外侵权纠纷中吃了不少苦头。因此《关于强化知识产权保护的意见》中明确指出，要加强海外维权援助服务，进一步加强海外信息服务平台建设，开展海外知识产权纠纷应对指导，构建海外纠纷协调解决机制。

目前，我国已经建立了国家海外知识产权纠纷应对指导中心，旨在聚焦海外知识产权纠纷应对存在的难点和痛点，构建国家层面海外知识产权纠纷信息收集和发布渠道，建立中国企业海外知识产权纠纷应对指导与协助机制，提高企业“走出去”过程中的知识产权纠纷防控意识和纠纷应对能力。一些海外经济贸易业务发达的省份比如广东，通过与中国国际贸易促进委员会合作，引入了专门的海外知识产权维权机构，组建了广东企业海外知识产权维权联盟。国家层面已经着手推动地方保护中心建立海外知识产权纠纷应对指导中心分中心，协同开展海外知识产权维权工作，以地方保护中心为抓手，指导保护中心建立海外知识产权专家维权库，为企业提供海外知识产权维权服务。

二、提升知识产权（专利）质量

专利质量是彰显创新驱动发展质量效益的核心指标之一，是保障知识产权事业持续健康发展的生命线所在，是夯实知识产权强国建设的重要基础。面临新的形势，站在新的发展起点上，应当充分认识当前我国知识产权事业发展面临的“大而不强、多而不优”的矛盾和问题。

在我国实现发明专利申请量和发明专利拥有量“两个一百万件”的重大突破后，专利大国地位牢固确立。但是，我国仍未进入专利强国之列。与欧美等发达国家和地区相比，我国专利质量有待进一步提升，专利布局需要进一步优化，专利运用水平还需提高，专利对创新驱动发展的支撑、保障和引导作用尚未充分发挥。

（一）提升专利质量

提升专利质量，是我国由要素驱动发展向创新驱动发展、由知识产权大国向知识产权强国迈进的必然要求。党中央、国务院对专利质量也更加重视，先后印发了一系列重要文件，均对专利质量提出了明确要求。2015年年底，《国务院关于新形势下加快知识产权强国建设的若干意见》进一步明确，要提升知识产权附加值和国际影响力，实施专利质量提升工程，培育一批核心专利。专利质量提升工程成为该文件中唯一一个明确实施的工程项目。2016 年，《国务院关于印发“十三五”国家知识产权保护和运用规划的通知》也提出要“提高专利质量效益”，并将“专利质量提升工程”列为重要工程之一，作出了更加具体的部署安排。提升专利质量，涉及专利创造、申请、代理、审查、保护和运用全链条各环节，是一个复杂的体系，一项长期的工作。2016 年年底，国家知识产权局认真贯彻中央提出的新发展理念，切实落实党中央、国务院一系列重要文件决策部署，实施专利质量提升工程，多措并举，科学谋划全链条各环节的专利质量提升工作，努力实现专利领域的高水平创造、高质量申请、高效率审查、高效益运用。

（二）培育高价值专利

2017 年，我国发明专利申请量和授权量居世界第一，有效发明专利保有量居世界第三，专利质量逐步成为关注点。在我国专利进入由量变向质变转化的关键阶段，如何有效引导我国专利从高数量向高质量顺利过渡和快速转变，通过专利数量合理适度增长和专利质量有效提升齐头并进，推动我国由要素驱动发展转变为创新驱动发展，这不仅是在政策层面的要求，还是产业实现转型升级以及企业增加自身竞争力的要求，因此目前必须大力加强高价值专利的培育。

政策层面，2016 年 12 月底，《国务院关于印发“十三五”国家知识产权保护和运用规划的通知》将“专利质量提升工程”明确列为“提高知识产权质量效益”的重点工作，要求“促进高价值专利的实施”。国家知识产权局局长申长雨在总结中国知识产权工作的整体状况后指出“知识产权与经济发展、科技创新的融合不够紧密，知识产权质量和效益不高，对经济发展和产业结构升级的支撑促进作用还未充分发挥”。在 2018 年全国知识产权局局长会议上，申长雨指出，要鼓励和支持创新主体加强关键前沿技术知识产权创造，形成一批战略性高价值专利组合……努力构建既有宽度、又有厚度，既有高原、又有高峰的专利结构。积极推动企业、高校和科研院所建立高价值专利培育中心。值得一提的是，在实践层面，2017 年，广东围绕培育高价值专利推出了众多举措，积极探索产学研协同高价值专利培育新模式，建设“产学研专利育成转化中心”6 家，“知识产权布局设计中心”2 家；广州、阳江、湛江、茂名等市发挥专利奖评选、项目引领等政策导向作用，强化高价值专利产出。在推动高价值专利发展的同时，广东省还积极打通知识产权运用通道。2017 年举行的首届广东知识产权交易博览会，展示知识产权项目 9 143 个、专利 18 855 件，促成知识产权交易 7.2 亿元；2017 年广东省专利质押融资破百亿大关，数额达 134.60 亿元，位居全国首位。

产业层面，培育高价值专利也是供给侧结构性改革下提升创新质量的现实要求。从现状来看，一方面，在我国专利申请总量已经比较大的情况下，我们更需要加快培育一批技术水平高、撰写质量高、审查严格且市场空间广阔的高价值专利，更好地实现专利技术的创新价值、科技价值和商业价值，以引导提升企业专利的价值实现效率。另一方面，当前我国出现的专利“多而不强”的现象，其背后是我国创新水平不高，以及创新政策的过度激励，导致企业或者个人将一些并不具有明显技术和市场价值的技术成果申请专利。这其中的部分专利，由于缺乏市场需求而被束之高阁，成为低效的供给，造成了社会创新资源的浪费。为此，在供给侧结构性改革的背景下，应更多强调专利创造的质量和水平，把提升创新效益作为专利创造的目标，通过培育具有较高技术和市场价值的高价值专利作为创新供给来支撑我国产业转型升级。

企业层面，从市场主体层面来看，申请专利的目的是为了获取竞争优势。专利除了技术属性，还包括制度属性、资产属性、信息属性等多重属性，并不等同于技术。在专利制度框架下，专利的价值一定程度上体现在技术竞争对手之间的市场“较量”，表现为专利对权利人贡献的市场竞争优势。高价值专利是企业自主创新能力和创新水平的体现，可以让企业在一定程度上摆脱同质竞争，对企业的创新成果形成一定的保护壁垒，保护企业进行研发投入的意愿和积极性，为企业的持续创新提供动力。

高价值专利，对于企业来说既可以是铠甲、是城墙，用于保护领地不被入侵；也可以是长矛、是枪炮，用于攻城略地，获取更大的利益。归结起来，最终目的是企业拥有更强的战斗力，能获取更大的自由操作空间。因此，对于企业而言，培育高价值专利就是形成有助于企业实现强大竞争力的非常重要的专利或者专利组合。

在高价值专利培育过程中，作为核心创新主体的企业为提升其市场竞争力而对高价值专利的需求，是高价值专利培育成功的内因；政府的支持和引导是高价值专利培育成功的外因。在高价值专利的培育过程中，为激发行业活力，引导发展方向，知识产权管理机构有必要构建与发展现状相适应的高价值专利培育机制，促使高价值专利的培育沿着正确有效的路径开展，从而为高价值专利的培育创造适宜的外部环境。

三、区域协同知识产权保护

在第二届中国国际进口博览会开幕式上，习近平总书记在主旨演讲中表示，中国将继续推动京津冀协同发展、长江经济带发展、长三角区域一体化发展、粤港澳大湾区建设，增强开放联动效应。当前我国开放程度最高、经济活力最强的两个区域无疑是粤港澳大湾区和长三角区域，其一体化发展事关全局，具有很强的示范性和带动性，代表着我国区域战略演进的一个新高度，这两个区域的发展将引领和推动区域和国家经济社会发展跃上新台阶。

粤港澳大湾区是指由广州、佛山、肇庆（市区和四会）、深圳、东莞、惠州（不含龙门）、珠海、中山、江门等珠三角 9 座城市和香港、澳门两个特别行政区形成的城市群，土地面积约 5.6 万平方公里，占全国国土面积的 0.6%；2016 年经济总量 9.2 万亿元，占全国的 12.4%；常住人口 6 800 万，占全国的 4.9%。呈现发展空间大、经济密度小、发展速度快等特征，与美国纽约湾区、旧金山湾区和日本东京湾区并肩世界四大湾区，是国家建设世界级城市群和参与全球竞争的重要空间载体。粤港澳大湾区可划分为深莞惠都市圈（深圳、东莞、惠州），对接香港；广佛肇都市圈（广州、佛山、肇庆），以广州为核心；珠中江都市圈（珠海、中山、江门），连通澳门。

知识产权是激励创新的基本保障，在《粤港澳大湾区发展规划纲要》中明确指出："强化知识产权保护和运用。依托粤港、粤澳及泛珠三角区域知识产权合作机制，全面加强粤港澳大湾区在知识产权保护、专业人才培养等领域的合作……加强在知识产权创造、运用、保护和贸易方面的国际合作，建立完善知识产权案件跨境协作机制。"创新驱动、产业转型，是湾区知识产权活力的源泉。粤港澳大湾区正积极构建开放型经济新体制，打造高水平开放平台，对接高标准贸易投资规则，集聚创新资源，完善区域协同创新体系，开展创新和知识产权合作。在《内地与香港关于建立更紧密经贸关系的安排》《内地与澳门关于建立更紧密经贸关系的安排》及有关补充协议（CEPA）和粤港、粤澳合作框架协议的推动下，粤港澳三地的知识产权合作更为深入。近年来，粤港澳大湾区内先后成立粤港保护知识产权合作专责小组和粤澳知识产权工作小组，在知识产权跨境保护、信息交流、人才培养等方面取得显著成效。

粤港澳大湾区知识产权区域合作主要有以下几个方面挑战：①知识产权法律规范不一致。主要体现在知识产权的取得、管理和保护等各环节，由于法律规范不同，因此管理机构、保护方式等区别明显。以专利权的确权制度为例，我国内地受保护的专利类型包括发明、实用新型和外观设计，由国家知识产权局审查核准后授权。香港地区的专利制度则主要由《专利条例》和《注册外观设计条例》所组成，《专利条例》所保护的专利类型包括标准专利和短期专利。其中，标准专利相当于我国内地的发明专利，其保护期可达20 年。但标准专利的申请程序比较特殊，申请人需要首先在香港特别行政区政府知识产权署所认可的三个指定专利管理部门（中国国家知识产权局、英国知识产权局、欧洲专利局并指定英国）中的至少一个提出，而不能直接在香港地区提出申请。目前，香港地区正在推进原授专利制度，该制度有效实施后将扩充标准专利的获得途径，申请人可以在香港地区直接申请获得原授专利。②粤港澳大湾区内知识产权创新能力不平衡。从申请量上看，广州、深圳、佛山、东莞的专利申请量占到全粤港澳大湾区申请量的80%以上，每年呈增长态势，而港澳地区相对平稳。粤港澳大湾区东岸在发明专利、PCT 专利数量上总体高于西岸。在创新机构行业方面，粤港澳大湾区西岸的教育科研实力雄厚，东岸高端先进制造业优势明显，香港和澳门在教育科研和高端服务业上优势较大。尽管粤港澳大湾区已拥有建设世界顶级湾区的制造业基础和实力，但不同区域、不同城市的科技创新能力仍差异较大，有待进一步平衡发展[①]。③区域内知识产权信息利用水平有待进一步提升。尽管湾区内已经聚集了横琴国际知识产权交易中心、中国（南方）知识产权运营中心等，但缺少统一的服务信息配置平台，数据资源共享方面还有很大提升空间。④粤港澳大湾区内部三大法域的知识产权保护方式的不同，导致了粤港澳大湾区内知识产权保护的对接存在一定的障碍。我国内地实行知识产权司法保护和行

---

① 卢纯昕. 粤港澳大湾区知识产权创新协同机制研究［J］. 中国发明与专利，2019（6）：10－14.

政保护的双轨制，知识产权侵权可以通过司法途径解决，但当侵犯知识产权的行为危害公共利益时，知识产权行政执法可以介入维护市场竞争秩序。在香港地区，知识产权侵权问题一般通过司法途径解决，以禁令、损害赔偿等方式获得救济。

2019 年 12 月，广州市黄埔区人民政府、广州开发区管委会印发了《广州市黄埔区 广州开发区推进粤港澳知识产权互认互通办法（试行）》，该办法一共十条，覆盖了知识产权的服务融通、仲裁调解、维权合作、IP 金融超市、担保保障、融资租赁、证券融资、行业互动、同等认定等，建立了粤港澳大湾区知识产权合作新机制，探索在知识产权互通互认上先行一步，实现了各地知识产权优势互补、协同发展。以知识产权保护为例，对于广州开发区企业在香港、澳门地区进行仲裁的知识产权案件，或在广州知识产权仲裁院进行仲裁的涉港澳知识产权案件，按照仲裁费用 50% 给予补贴以及最高 100 万元的律师费用资助，此举势必会有利于利用港澳知识产权优势促进仲裁调解资源的转化利用。

在粤港澳大湾区积极探索知识产权创新协同保护机制的同时，国内其他各省市也在积极推动知识产权保护，并加大跨区域行政保护协作，发挥联合执法和协作执法的协同效应。2019 年，北京、天津、河北、江苏、山东、广东、重庆、四川、湖北、浙江、安徽、上海十二省市知识产权局在沪共同签署了《十二省市知识产权行政保护协作协议书》，根据协议，上述省市在知识产权行政保护案件线索移送、调查执行协助、联合执法保护、结果互认互享方面形成“一盘棋”，提升工作合力。根据协议，十二省市知识产权局将进一步打通相关案件移送通道，加强在案件调查取证、处理文书送达、处理决定执行等方面的合作，推动建立知识产权侵权判定互认机制、十二省市重点商标保护互认名录，加强知识产权侵权纠纷检验鉴定、仲裁调解、海外维权援助等服务资源共享。

粤港澳知识产权互认互通和十二省市共同签署的协议，可以说是我国在区域知识产权保护协作方面开展的有力探索，能够有效帮助政策所在地的创新主体进行知识产权保护，并且在一定程度上促进了优势知识产权行政管理和服务资源的共享，并通过在相关地实行案件结果互认互享，使得案件结果在一地立案，多地同步共享互认，切实提高了跨区域知识产权行政保护的合力。